Nota sobre la traducción al español

Los textos de la Sagrada Escritura han sido tomados de la versión en línea del *El Libro del Pueblo de Dios*, publicada en línea por www.vatican.va

A fin de lograr el mayor apego al espíritu y expresión del inglés, en ocasiones se anota expresamente el uso de *La Biblia de Jerusalén*, versión en línea de Bibliacatolica.com https://www.bibliacatolica.com.br/en/la-biblia-de-jerusalen/genesis/1/

Todas las citas del Catecismo de la Iglesia Católica y de otros Documentos de la Iglesia son tomadas directamente de la versión en español, publicada en línea por www.vatican.va

Se realizó la traducción libre de citas de autores que no han sido traducidos aún al español y de aquellos que, aun habiendo una versión en español, no fue posible obtener los textos en su traducción original al español.

Mónica Oppermann
Traductora

Reconocimiento para *Rescatado*

"A lo largo de su ministerio sacerdotal, el Padre Riccardo ha demostrado ser un excelente comunicador de "la historia" que se esconde detrás de la determinación de Dios de recuperar su mundo a través de la entrega radical de su Hijo, Jesucristo. El Padre Riccardo explica con una sencillez, que es a la vez elocuente y convincente cómo Jesús es la respuesta a las únicas preguntas importantes que todos enfrentamos. Estoy seguro de que aquellos que lean su presentación de la buena nueva y piensen cómo responder a las preguntas que él plantea estarán mejor equipados para unirse a la gran obra que los apóstoles comenzaron alguna vez, y que ahora se nos ha dejado a esta generación: guiar a otros a encontrar a Jesús, ayudándolos a crecer como sus discípulos y luego lanzarlos en la trayectoria a invitar a otros a hacer de la historia de Dios para su mundo la historia de sus vidas".

—Arzobispo Allen Vigneron, Arquidiócesis de Detroit

"Este es el libro que estaba esperando. Si lee solo un libro este año, *Rescatado* puede ser el indicado. ¿Por qué son tan necesarias estas palabras en un mundo ya saturado de información y opiniones? Porque necesitamos desesperadamente ayuda para entender el caos en el que vivimos. El P. John Riccardo ofrece exactamente eso. Lea *Rescatado* si desea tener una perspectiva clara, si necesita tener la esperanza de que las cosas puedan cambiar y si desea que la sabiduría práctica se aplique a los desafíos que enfrenta. No solo explica por qué las cosas están mal, sino que, lo que es más importante, revela el camino para volver a una vida próspera. Comprométase plenamente con las verdades de este libro y cambiará para siempre".

—**Lisa Brenninkmeyer,** fundadora de Walking with Purpose

"Este libro es un recordatorio refrescante de lo que Dios está haciendo por nosotros en la persona de su Hijo, Jesús. No solo para tu mente, sino aún más para tu corazón, iluminará tu alma y restaurará tu confianza en el llamado de Dios sobre tu vida".

—**Joshua Danis,** director nacional de Alpha Catholic Context

RESCATADO

LAS NOTICIAS
Inesperadas
Y
Extraordinarias
DEL
Evangelio

P. JOHN RICCARDO

Traducción al español
de Mónica Oppermann

Copyright © 2020 John Riccardo. Todos los derechos reservados.
Publicado por The Word Among Us Press
7115 Guilford Drive, Suite 100
Frederick, Maryland 21704
wau.org

24 23 22 21 20   4 5 6 7 8

ISBN: 978-1-59325-701-9

A menos que se indique lo contrario, los textos de la Sagrada Escritura son tomados de la versión en línea de *El Libro del Pueblo de Dios*, publicada por www.vatican.va Las citas del *Catecismo de la Iglesia Católica* son tomadas directamente de la versiónen español, publicada en línea por www.vatican.va Usado con permiso.

Diseño por Suzanne Earl

Ninguna parte de esta publicación puede ser reproducida, guardada en un sistema derecuperación o transmitida en cualquier forma o por cualquier medio —electrónico, mecánico, fotocopia, grabadora, o cualquier otro— excepto por citas cortas en revistas impresas, sin el consentimiento previo del autor o la editorial.

Hecho e impreso en los Estados Unidos de América

Contenido

Prefacio por Scott Hahn..9

Introducción:
Dios quiere recuperar su mundo.......................................13

Capítulo1:
La historia completa..20

PARTE I: Creado

Capítulo 2:
Al principio...31

Capítulo 3:
La singularidad de la historia de la creación de Génesis 42

Capítulo 4:
La grandeza de Dios y su osado amor 53

PARTE II: Capturado

Capítulo 5:
¿Qué diablos pasó? 62

Capítulo 6:
Territorio enemigo 66

Capítulo 7:
La estrategia y las practicas fundamentales del enemigo....76

Capítulo 8:
¿La meta de Satanás para tu vida? Destrucción 84

PARTE III: Rescatado

Capítulo 9:
Confianza inquebrantable 97
Capítulo 10:
¿Por qué vino Jesús?..102
Capítulo 11:
¿Qué estaba haciendo Jesús en la cruz? 110
Capítulo 12:
¿Qué diferencia hace?..124
Capítulo 13:
¿Qué diferencia hace? (Continuación)..............................135
Capítulo 14:
El corazón del Evangelio 143

PARTE IV: Respuesta

Capítulo 15:
Nuestra respuesta personal a Jesús:
gratitud, entrega y corajee 149
Capítulo 16:
La respuesta de misión 165
Capítulo 17:
Ayudándole a Dios a recuperar su mundo 178

Notas..186

Prefacio

Érase una vez cuando todos creíamos que nuestras vidas eran parte de una historia más amplia. Es algo natural. Cuando cuento la historia de mi vida, veo un arco narrativo, con un claro altibajo. Veo desarrollo acumulativo: crecimiento emocional, intelectual y físico. Supongo que vengo de algún lugar específico, y que voy a algún lado, que tengo una meta, aunque vagamente la vislumbre.

Las civilizaciones también tienen historias. Necesitan historias. César Augusto sabía esto, por lo que contrató al mejor poeta de su tiempo para que escribiera una historia de fondo, una gran narrativa. Si Roma iba a reemplazar a Grecia como la potencia dominante del mundo, necesitaba un poema épico a la par de *La Ilíada* y *La Odisea*. Entonces Virgilio produjo *La Eneida*.

Los griegos y romanos educados sabían que estas historias eran en buena medida ficticias. Los mitos no tenían exigencias correspondientes en la vida cotidiana de la gente. Propusieron virtudes, como el patriotismo y la fortaleza, pero no consagraron ninguna moral.

La religión bíblica era esencialmente diferente a esta. Atribuyó su historia no sólo a los poetas humanos, sino a un Dios que es Creador, Redentor, Legislador, Juez, Rey y Guía. Para judíos y cristianos, la gran historia abarcó tanto lo civilizado como lo personal. Narraba la historia del pueblo y la persona. Y creían que era realmente historia, historia que podía ser confirmada por los documentos y monumentos del mundo. Si vieron una alegoría en la historia bíblica, la vieron no solo en las palabras, sino en los eventos que las palabras describen.

Dios escribe el mundo de la forma en que los autores humanos escriben palabras, y compone la creación y la historia para que sean una revelación de su vida.

Llegué a la mayoría de edad en una próspera subcultura cristiana evangélica, y creo que su éxito apostólico se debió en gran parte a su capacidad para contar la Gran Historia de una manera que era a la vez universal y personal. Teníamos cuatro leyes espirituales que describían la narrativa de la creación, la caída y la redención. Así que fue intelectualmente cautivador, y fue identificable. Reflexionamos sobre las formas en que podríamos transmitir la historia rápidamente, en el transcurso de un viaje en avión o incluso en un ascensor. Incluso cuando era adolescente, vi a los adultos cambiar de opinión y de vida porque de repente comprendieron su pasado y su futuro como parte del plan de Dios.

El padre John Riccardo comprende esta profunda necesidad humana y reconoce que vivimos en un momento en el que toda narrativa alternativa propuesta se está desmoronando. La democracia y la ciencia pueden ser cosas buenas y grandiosas, hasta donde pueden llegar, pero no pueden salvarnos. Sus horizontes son limitados. No pueden proporcionarnos un código moral. Además, dependen de supuestos metafísicos que no pueden explicar.

Este libro proporciona el relato simple que se necesita en este momento. La Nueva Evangelización, anunciada por los papas desde San Pablo VI, solo puede avanzar por la gracia, pero solo en la medida en que podamos contar nuestra historia de manera convincente. El padre John Riccardo hace esto. Destila la narrativa bíblica de una manera simple pero no simplista. Da a entender la riqueza de la tradición católica, que incluye todas las ciencias relevantes, y establece una conversación que puede conducir a un compromiso sólido con la cultura moderna.

La clave es a la vez muy tradicional y sorprendentemente nueva con este libro. Es la frase que el padre Riccardo recibió un día en oración: "depredador de emboscada". Cuando la gente tropieza con la historia cristiana, tanto ahora como en la antigüedad, generalmente es a causa de la cruz. "Nada está tan fuera del alcance de la razón humana como el misterio de la cruz" (*Catecismo Romano* I.4). ¿Cómo pudo pasarle esto al Dios todopoderoso? ¿Dónde está el poder salvador en tan abyecta debilidad? El padre Riccardo recupera el entendimiento de los primeros cristianos, explicando cómo Jesús "entrará en la Muerte y, desde dentro, destruirá su poder. Jesús en la cruz no es la víctima pobre e indefensa, y no es el perseguido. Jesús en la cruz es el agresor y el cazador". En aparente debilidad, tiende su trampa. Él mismo es el cebo. Nuestro autor reúne una impresionante variedad de testigos cristianos primitivos para esta clave interpretativa: Ireneo, Melito, Efrén, Máximo. Y les permite mostrarnos cómo contar la historia. Por lo tanto, aprendemos no solo de un maestro de la predicación moderna, sino también de las mismas voces que convirtieron al mundo la primera vez.

Aunque a veces nos preguntamos por qué Dios permite tanta enfermedad, sufrimiento y maldad, echamos un vistazo a la cruz y vemos el mal más grande jamás perpetrado, el sufrimiento más grande jamás soportado, y luego el regalo más grande que Dios ha dado jamás: la salvación de la raza humana.

Vivimos en un momento en el que todos los demás monumentos se están cayendo. Vivimos en una época en la que muchos otros documentos antiguos, por desgracia, no se leen o están prohibidos por sus asociaciones de civilización. En cierto sentido, este es un desastre que hay que lamentar. Al mismo tiempo, debemos verlo como una oportunidad que debemos aprovechar. Hemos sido creados para este momento y llamados para este momento, por lo que seremos empoderados para este momento.

La nuestra es la historia de Jesucristo, y es una historia que abarca a todas las demás y supera a todas las demás. Es un monumento que permanecerá en pie cuando todos los demás hayan caído. Es una narrativa que se mantendrá unida cuando todas las demás se hayan desenredado.

Es la historia que se cuenta en las páginas de este libro, y oro para que los lectores de este libro la vuelvan a contar.

Dr. Scott Hahn, fundador y presidente del St. Paul Center for Biblical Studies y padre Michael Scanlan, profesor de Teología Bíblica y de la Nueva Evangelización en Franciscan University of Steubenville

INTRODUCCIÓN

Dios quiere recuperar su mundo

En el análisis final, el conocimiento teológico especializado
sólo nos puede llevar hasta cierto punto;
necesitamos conocer la historia.
—Fleming Rutledge[1]

¿Por qué estas aquí? No *¿por qué estás sentado en tu sala de estar* o en este avión, en la fila de salida de la escuela, o en la oficina donde empezaste a trabajar hace diez años? Sino ¿por qué estás *aquí*, en la tierra? ¿Alguna vez te has preguntado a dónde vas o cómo vas a llegar?

Acabamos de hacer las tres preguntas más importantes de la vida:

¿Por qué estoy aquí?
¿A dónde voy?
¿Cómo llego hasta ahí?

De manera creciente, muchos de nosotros no conocemos las respuestas y ni siquiera nos hacemos esas preguntas. Es tan fácil quedar atrapado en el ajetreo diario de la vida: *¿Qué hay para cenar? ¿Vas al juego? ¿Debo dejar este trabajo? Quizás, debería ir al médico para que revisen esta mancha.* Las preguntas diarias, por importantes que sean, también pueden hacernos perder de vista las inmensas preguntas: *¿Por qué estoy aquí? ¿A dónde voy? ¿Cómo llego hasta ahí?*

Tres convicciones fundamentales

Me he estado haciendo esas preguntas. Me han llevado aquí, a este momento de mi vida, en el que me mueven tres convicciones fundamentales.

La primera convicción fundamental es la siguiente: tú y yo no estamos vivos *ahora* por casualidad. Dios podría habernos destinado a vivir en la Francia del siglo XVI o en el Territorio del Noroeste en el siglo XIX. En cambio, en su misteriosa providencia, nos eligió a ti y a mí para estar vivos en este momento. No a pesar de, sino *debido* a todo lo que está sucediendo en nuestras iglesias locales, la Iglesia global, nuestro país y nuestro mundo.

Cada vez estoy más y más enamorado de una frase atribuida a Santa Juana de Arco: "No tengo miedo. Dios está conmigo. ¡Nací para esto!" Oro para que, dondequiera que estés mientras leas estas palabras, tengas la misma convicción que tuvo esta heroica joven hace siglos: *tú naciste para este momento.* Dios está creando una obra maestra y tú juegas un papel insustituible en esta obra de arte. Si eres una mamá que está en casa, o alguien que está jubilado, o eres maestra de secundaria, enfermera, ganadero, camionero, abogada, adolescente o empleado de una tienda de comestibles, *tú eres importante*. Cada uno de nosotros está destinado a ser un instrumento en sus manos para ayudarle a realizar su deseo. Y su deseo es nada menos que recuperar a sus hijos y recuperar su mundo.

La segunda convicción fundamental que tengo es que el mundo está llorando. Sin duda, el mundo ha estado llorando desde ese fatídico día en el Edén, pero nuestros tiempos actuales son únicos y sin precedentes, al menos en nuestro país. Hay muchas formas de hablar de esta convicción, pero para mí comenzó con una serie de artículos que leí que informaban que, en 2018, por primera vez en cien años en los Estados Unidos, la esperanza de vida había disminuido por tercer año consecutivo. Esto es asombroso y no ha sucedido desde 1918. ¡Piensa en eso! Las vidas son más cortas y la gente muere más joven, no en algún rincón remoto del planeta que carece de acceso a la tecnología, la riqueza y la medicina, sino aquí en los Estados Unidos de América. ¿Qué estaba sucediendo en 1918 que había provocado que la esperanza de vida descendiera tres años seguidos? Dos horrores: la Primera Guerra Mundial y la peor pandemia de la historia del mundo, la gripe española. Pero la disminución actual de la esperanza de vida en nuestro país se debe a algo escalofriante y nuevo. (Al momento de escribir estas líneas, todavía no sabemos cuál será el resultado final del coronavirus, o covid-19; sin embargo, las estadísticas a las que me refiero ya eran ciertas incluso antes de la actual crisis pandémica que hemos estado experimentando). Los sociólogos están llamando al fenómeno "muertes por desesperación". Hay tres causas principales de tales muertes: suicidio, cirrosis y adicción a los opioides.

Desde 1999, las tasas de suicidio han aumentado 30% en la población general y 40% entre los estadounidenses en zonas rurales. En 2016, hubo más del doble de suicidios que de homicidios en nuestro país. La tasa de suicidios entre niños de diez a catorce años casi se ha triplicado en los últimos diez años. Al igual que yo, estoy seguro de que este increíble dolor te ha impactado profundamente, tal vez sufriendo por la pérdida de algún familiar o un amigo querido. Perdí a un tío y a un cuñado en esta batalla. ¡Sé de primera mano la angustia y el dolor de los que se quedaron tras un suicidio!

Hay una segunda causa de nuestra decreciente esperanza de vida. De 1999 a 2016, la muerte por cirrosis hepática, debida a la adicción al alcohol, aumentó en un 65%, y el mayor aumento se produjo entre los jóvenes de veinticinco a treinta y cuatro años.

Un tercer factor principal para un número desgarrador de muertes prematuras es la adicción actual a los opioides. A pesar de ser solo el 5% de la población mundial, los estadounidenses consumen el 80% de los opioides del mundo. Las muertes por desesperación están ocurriendo a un ritmo asombroso y sin precedentes.

En la raíz de esta desesperación están las tres preguntas que mencioné. En un mundo en el que Dios es empujado repetidamente más y más fuera del escenario, la criatura que está hecha a su imagen y semejanza, tú y yo, ha perdido su sentido de significado.

Jesús instituyó su Iglesia para abordar precisamente este tipo de desesperación y curar tales heridas. Él diseñó su Iglesia para que fuera el medio por el cual el clamor del mundo fuera respondido para que cada persona pudiera llegar a conocer el increíble amor del Padre, el poder regenerador del Espíritu Santo y su verdadera identidad como amados hijos e hijas del Rey del universo.

La Iglesia está destinada a ser el lugar donde esto no solo se escucha, sino donde se *tiene la vivencia*.

El problema, que lleva a mi tercera convicción fundamental, es que la Iglesia también está llorando. Como ocurre con la situación en el mundo, hay varias formas de hablar sobre este "grito" de la Iglesia. Hay confusión y división entre sacerdotes y obispos y confusión que surge de Roma. Y ciertamente, la segunda ronda de la crisis de abuso sexual entre el clero en nuestro país ha dejado muy claro que estamos heridos y llorando. Una encuesta reciente de Gallup reveló que el treinta y siete por ciento de los católicos están considerando dejar la Iglesia debido al escándalo del abuso sexual.[2] Con aproximadamente setenta millones de católicos en los EE. UU., eso se traduce a veintiséis millones de personas que están sufriendo, que están escandalizadas, y desilusionadas. *La Iglesia está llorando.*

Para muchos de los que sirven en la vida parroquial o diocesana, ya sea como sacerdotes o como hombres y mujeres laicos, también existe la experiencia de que la vida parroquial no es exactamente lo que podría y debería ser. Se pasan demasiados días jugando a los "porrazos". Con incendios que apagar a diario, nos acostumbramos a tener la cabeza en un codo giratorio, rebotando de una emergencia a otra. Una persona ha sugerido que trabajar en la Iglesia le recuerda a un partido de fútbol: hay veintidós hombres corriendo por el campo con una desesperada necesidad de descansar y miles de personas en las gradas que los miran con una desesperada necesidad de hacer ejercicio. Recientemente terminé un período de doce años como párroco de una parroquia extraordinaria en la Arquidiócesis de Detroit. Estoy agradecido por las personas con las que tuve la bendición de caminar durante este tiempo, aunque servir en una parroquia con casi 3,600 familias puede ser estresante. Mi arzobispo amablemente me permitió crear un nuevo ministerio, Acts XXIX (Hechos XXIX), pero antes de que eso comenzara, pude tomarme un mes libre para recargarme. Alrededor de la tercera semana, me di cuenta de que estaba sufriendo de lo que solo puedo llamar algún tipo de estrés postraumático. Tanto me había acostumbrado a correr de un trauma a otro, día tras día (¡casi hora tras hora!), que no me había dado cuenta de lo desesperadamente que necesitaba un descanso.

Innumerables sacerdotes amigos, sin mencionar los hombres y mujeres laicos que sirven en las parroquias, están sufriendo la misma experiencia en este momento.

En estos tiempos, entonces, cuando tanto el mundo como la Iglesia llora, ¿cuál es el camino por seguir? ¿Cómo superar un desánimo tan inmenso?

Recapturando el panorama general

¿Le sorprendería leer que no estoy desanimado, sino animado, incluso emocionado? Puede parecer una locura, pero me gustan los desafíos y me encanta una buena batalla. Claramente, Dios no quería que tú y yo viviéramos en una época aburrida y monótona. Quería que viviéramos *ahora*. Él nos ha equipado con todo lo que necesitamos para ser instrumentos en sus manos para compartir el evangelio. Estos no son días oscuros, sino grandes días para estar vivos. Dios no está nervioso ni ansioso: nos ha elegido a ti y a mí para este momento.

Por supuesto, no supongo que yo tenga *la* respuesta para nuestros próximos pasos, pero creo que el libro que tienes en la mano es la respuesta más urgente. O quizás debería decir que es lo que Dios ha puesto en mi corazón para compartirlo con todos los que pueda, porque creo que es lo más importante en este momento en la lucha para que Dios recupere su mundo. ¿Por qué? Porque con cada fuego furioso en el país, el mundo y la Iglesia, hay una necesidad urgente de arrancar la maleza y recuperar la gran imagen, para adquirir de nuevo (o quizás por primera vez) un modo bíblico de ver la realidad. Como dijo el autor y ministro Fleming Rutledge: "Necesitamos conocer *la historia*".[3] Comencemos, entonces, por ver la realidad tal como Dios la ha creado, a través del lente de las Escrituras.

CAPÍTULO 1

La historia completa

Para poder readquirir esa cosmovisión bíblica y captar sus principios, debemos ver al mundo a través de un conjunto específico de lentes creados por Dios y diseñados para darnos una visión 20/20. Para obtener esa visión, debemos hacernos las preguntas fundamentales: *¿Quién es Dios? ¿Por qué hizo todo? ¿Por qué está todo hecho un desastre? ¿Qué ha hecho, si es que ha hecho algo al respecto?*

Estas preguntas son especialmente necesarias para muchos de nosotros que hemos crecido como católicos. Tenemos que preguntarnos: "¿Escucho regularmente el evangelio en la misa?" No me refiero a Mateo, Marcos, Lucas o Juan; los escuchamos todas las semanas. Me refiero al *evangelio*— la increíble proclamación, que cambia la vida, de lo que Dios ha hecho por nosotros en Jesús.

En Romanos 1, 16, San Pablo dijo: "yo no me avergüenzo del Evangelio, porque es el poder de Dios para la salvación de todos los que creen: de los judíos en primer lugar, y después de los que no lo son".

El evangelio es *poder de salvación.* ¿Y qué significa la salvación? Salud, sanación, libertad, plenitud. Como Humpty Dumpty, nos caemos de la pared todos los días. En nuestra frágil humanidad, nos resquebrajamos, nos dividimos y nos rompemos. Dios recoge los pedazos y tiernamente nos vuelve a unir de una manera que nada ni nadie más puede hacerlo. Así que comenzamos de nuevo todos los días, y un día podremos convertirnos en todo lo que Dios nos creó para ser. Esta es la salvación.

La proclamación del evangelio, entonces, es poder. La palabra que Pablo usa para "poder" (en Romanos 1, 16) es la palabra griega *dunamis*, de la cual obtenemos la palabra "dinamita". En otras palabras, el evangelio —lo que conocemos como "la buena nueva"— no es solo una nueva, sino una *extraordinaria* nueva. Es una explosiva nueva que cambia la vida. Al menos *se supone* que debe ser, pero no creo que sea así como la mayoría de la gente la experimenta porque la mayoría de la gente no la escucha predicada en su totalidad. *No conocen la historia.*

A veces, mientras estoy sentado en la iglesia, miro a mi alrededor a los rostros de las personas y me pregunto qué estarán pensando. Un día, el Señor me ofreció una imagen intrigante. Sentí como si me acabara de poner esos lentes especiales que él crea para aclarar nuestra visión. Mientras miraba el mar de rostros a mi alrededor, pensé: *es como si estas personas acabaran de despertarse en medio del capítulo diecisiete de una novela. No tienen idea de que están en una novela, y mucho menos de qué se tratan los otros capítulos, quién es el autor o cuál es la trama. Están perdidos; no saben lo que está pasando.*

No es su culpa, y no culpo a mis hermanos sacerdotes o diáconos, pero sucede todas las semanas en Misas en todas partes. *No sabemos qué está pasando durante la Misa.* Innumerables personas se quedan pensando: *Oh, aquí vamos de nuevo. Esa lectura del*

Antiguo Testamento que no entiendo. ¿Y esta parábola del Evangelio sobre el mayordomo injusto al que Jesús alaba? Esto tampoco lo entiendo nunca. Espero que el cura no divague demasiado esta semana. Tal vez hoy sea gracioso, eso siempre ayuda. Espero que me dé algo concreto que pueda llevarme conmigo. Estoy muy cansado esta mañana.

Eso no es lo que se supone que debe lograr la palabra de Dios. Se supone que debe estar *cambiando mi vida*.

El plan de Dios para el mundo y nuestra misión en él

En *Evangelii Gaudium*, la carta del Papa Francisco sobre la evangelización, él dice que el evangelio es "el anuncio que responde al anhelo de infinito que hay en todo corazón humano"[4]. Por eso, el mensaje del evangelio es perpetuamente relevante: porque todos tenemos los mismos deseos; queremos un amor infinito. Queremos tener un sentido de identidad y ser aceptados. Queremos saber que nuestras vidas tienen sentido. Queremos saber que somos importantes. En resumen, queremos la *felicidad*. Dios tiene el monopolio de la felicidad, y nos creó para compartir su felicidad por siempre.

Cada uno de nosotros está destinado a ser un heraldo del evangelio. Pero eso puede asustarnos. No nos sentimos seguros de que podamos compartir, predicar o contar nuestras historias, y mucho menos contar la historia de Dios a otros. Pero lo que Pablo está diciendo es que *el evangelio mismo es poder*. Un poder que no viene de nosotros, los mensajeros, sino que el mensaje en sí cambia vidas, independientemente de lo bien o mal que lo comuniquemos.

Santa Juana de Arco lo sabía. A menudo se la cita diciendo: "No tengo miedo. Dios está conmigo. ¡Nací para esto!"

Entonces, ¿qué sucede cuando dejamos de tener miedo y la palabra de Dios *cambia* nuestras vidas? El Papa San Juan Pablo II escribió que el resultado de escuchar el "primer anuncio lleno de ardor" del mensaje del evangelio es que "un día trasformó al hombre" y este tomó la decisión de entregarse a Jesucristo por la fe.[5] Piensa en eso por un momento. ¿Te has sentido transformado personalmente por el mensaje del evangelio? ¿La mayoría de los feligreses que conoces se han sentido transformados por el evangelio? ¿Tú o los que te rodean en la Misa han entregado su vida a Jesús en respuesta a las cosas inesperadas y extraordinarias que Él ha hecho por ustedes? Lamentablemente, incluso como sacerdote, puedo acostumbrarme a hablar de la buena nueva como si fuera mundana.

Alguien escribió una vez que nada es peor que acostumbrarse a lo magnífico. Sin embargo, no creo que la mayoría de la gente se haya acostumbrado a lo magnífico. Más bien, creo que nunca han escuchado lo magnífico de una manera concertada, dramática y poderosa. El magnífico mensaje de Dios, cuando se escucha y experimenta genuinamente, *transforma*. Y después de eso, no podemos darnos vuelta atrás, ni querríamos hacerlo.

¿Por qué están ellos ahí?

Entonces, ¿cómo se supone que vamos a escuchar y comprender realmente esta nueva que está destinada a sacudir nuestras vidas? Imaginemos un par de escenas.

Es el 6 de junio de 1944 en Normandía, Francia. Las fuerzas militares de Estados Unidos, Inglaterra y Canadá han convergido en Europa y están desembarcando en cinco playas separadas. ¿Por qué están ellos ahí?

¿Es porque han oído que las playas de Francia son increíbles? ¿O que el café de los Campos Elíseos, en la calle principal de París, está de saborearse? Tal vez sea porque se mueren de ganas de ver a la *Mona Lisa* en el Louvre después de haber escuchado tanto sobre ella. No, claro que no. Los Aliados están asaltando las playas de Francia por una única razón: luchar. Un tirano dictador ha invadido, oprimiendo y matando gente para sus propios propósitos megalómanos. Están ahí para luchar contra este monstruo.

Ahora imagínate otra escena: un pesebre en una cueva en Belén. Una joven judía llamada María acaba de dar a luz. Ella sostiene a su bebé; su esposo, José, está a su lado. Miran al niño que acaba de llegar a esta tierra. Ahora, hazte una pregunta similar: "¿Por qué *él* está allí?"

¿Tenemos una respuesta tan rápida y obvia a esa pregunta? Quizás no, pero deberíamos hacerlo, porque una vez que entendemos por qué Dios se hizo hombre en Jesús y qué vino a hacer, nos sentimos obligados a entregarnos a él por la fe.

Regresemos por un momento a la primera escena que evocamos. Imagínate que vives en Francia en 1944. Tu país está ocupado y tienes familiares que han sido secuestrados y enviados a un campo de concentración. Vives cada día agonizante bajo la sombra del régimen nazi, morando en la oscuridad y a la sombra de la muerte. Te preguntas si estarás a salvo, si tú y los tuyos *pueden* salvarse del tirano que ha invadido su tierra. Luego, el 7 de junio de 1944, te despiertas, tomas el periódico y te sientas con tu cónyuge a la mesa de la cocina. Abres el periódico y ves el enorme titular: Los Aliados desembarcaron en Normandía. Tu cónyuge te pregunta: "¿Pasó algo ayer?" Respondes: "No, en realidad no. Los Aliados desembarcaron en nuestras costas occidentales para rescatarnos, pero eso es todo. Parece que va a llover hoy".

¿Es así como leerías el titular? ¡De ninguna manera!

"¡*Los Aliados desembarcaron*!" exclamarías. "¡Están aquí para luchar por nosotros! ¡Para *rescatarnos*! ¡El horror puede terminar finalmente!" "Llorarías de alegría, alivio y de esperanza de que el futuro que habías dejado de soñar sería posible. Porque no se trata solo de noticias mundanas y cotidianas; estas son *las* nuevas, noticias extraordinarias que cambian vidas. En Francia, el 7 de junio de 1944, todos sabían que había sucedido algo sin precedentes. Fue el evento que cambió todo para ellos a partir de ese día.

A pesar de lo grandiosa que fue la nueva, el evangelio, la proclamación de lo que Dios, quien te conoce a ti por nombre, ha hecho por ti y por mí personalmente, es *infinitamente mejor*. Y anhela ser desatado a través de ti y de mí, por nuestras palabras y por nuestras acciones.

Así como el desembarco de los Aliados el Día D presupone a Hitler y los nazis, el hacerse Dios hombre en la persona de Jesús presupone un enemigo. Y así como los Aliados no vinieron a Francia para ver los lugares de interés o tomar un buen café, Dios no desembarcó como un turista. Se convirtió en hombre para entrar en la batalla.

La gente no suele pedir reunirse conmigo para decir: "Oiga, la vida es genial, padre, y solo quería compartir eso". En cambio, la mayoría de las personas que solicitan sentarse con un sacerdote lo hacen porque están en crisis. Dado esto, he aprendido a hacerles a esas personas una pregunta simple antes de continuar nuestra discusión: "¿Me das cinco minutos para explicarte cómo veo el mundo? Porque si no hago eso, el resto de lo que te diga no tendrá sentido". Así que trato de ayudar a la otra persona a ver como yo veo el mundo a través de un par particular de lentes que me dan una visión bíblica de la realidad.

He aquí un ejemplo. Hace un tiempo, conocí a una mujer joven. Ella era increíblemente hermosa, rica y profesionalmente exitosa, pero interiormente, era un desastre. Antes de continuar nuestra charla, le pregunté si podía compartir con ella los lentes a través de los cuales veo el mundo. Ella estuvo de acuerdo, y cinco minutos después, estaba sobrecogida por la emoción. Llorando, me miró y dijo: "Ese no es el Dios que conocí cuando era niña. Nunca había escuchado eso antes".

Todos los días estamos rodeados de personas como esa joven que, sin tener culpa alguna, no saben quién es Dios. Simplemente, nunca han escuchado la nueva que cambia la vida. Quizás eres una de esas personas, o quizás amas a alguien así. Seas tú quien seas, ¡debes saber que Dios *quiere* revelarse *a nosotros* y luego *a través* de nosotros! ¿Cómo? A través de la inesperada y extraordinaria nueva del evangelio.

Desempacando el Evangelio: más fácil de lo que crees

Se hace referencia al evangelio de varias formas. Primero, por supuesto, simplemente está la palabra que hemos estado usando, que probablemente hayas escuchado traducida como la "buena nueva". Y el evangelio *es* la buena nueva. Pero a veces las palabras se vuelven tan comunes que se tornan sin significado alguno para nosotros. *Bonito, fino, adecuado. Sí, algo bueno. ¿Lloverá hoy?*

No. El evangelio no es simplemente una "buena" nueva que leemos o escuchamos una vez, solo para regresar al pronóstico del tiempo. Es una nueva explosiva, la mejor nueva, la nueva que debería ocupar la primera plana de todos los periódicos. Es el titular que revela que nuestro aliado eterno ha desembarcado. Ciertamente, podemos seguir llamándole la consagrada "buena nueva", pero no dejes que esas palabras pierdan su significado.

Otra palabra que quizás hayas escuchado para referirse al evangelio es *kerygma*. *Kerygma* es simplemente una palabra griega que significa "proclamación", como en "la proclamación del evangelio". El kerygma ha significado tradicionalmente contar la historia de Dios usando estos cuatro componentes:

- la bondad de la creación,
- el pecado y sus consecuencias,
- la respuesta de Dios a nuestro pecado y
- nuestra respuesta a lo que Dios ha hecho por nosotros.

Eso suena algo académico y no inspira el tipo de sentimiento transformador que describió el Papa San Juan Pablo II. Así que reformulo el kerygma en cuatro preguntas:

- ¿Por qué hay algo en vez de nada?
- ¿Por qué todo está tan obviamente desordenado?
- ¿Qué ha hecho Dios al respecto, si es que ha hecho algo?
- Si Dios ha hecho algo, ¿cómo debo responder?

A medida que escuchamos el evangelio y nos esforzamos por compartirlo, necesitamos una manera aún más fácil y concisa para recordar qué es el *kerygma*: la proclamación del evangelio. Así que lo he reducido a cuatro palabras:

- Creado
- Capturado
- Rescatado
- Respuesta

Si conoces esas cuatro palabras, ¡conoces el evangelio! Así que sumerjámonos.[6]

A continuación, analizaremos más de cerca lo que hay detrás de la primera de las cuatro palabras, "Creado".

Resumen de la Introducción y el Capítulo 1

- Las tres preguntas más importantes son: *¿Por qué estoy aquí? ¿A dónde voy? ¿Cómo llego hasta ahí?*
- No estás vivo ahora por casualidad. Dios te ha destinado para este momento.
- Una visión clara requiere una lente en particular: una cosmovisión bíblica. Necesitamos conocer la historia.
- El evangelio no es simplemente una buena nueva; es la más extraordinaria nueva que podamos imaginarnos.
- El *kerygma* (proclamación del evangelio) se puede resumir como *¿Por qué hay algo en lugar de nada? ¿Por qué está todo tan desordenado? ¿Qué ha hecho*

Dios, si es que ha hecho algo al respecto? ¿Cómo debo responder?
- Aún más conciso: Creado, Capturado, Rescatado y Respuesta.

Preguntas para la discusión

1. ¿A través de qué lentes veo la realidad? ¿Por qué?
2. ¿He pensado alguna vez en la pregunta "¿Por qué estoy aquí?"
3. ¿Me he sentido transformado personalmente por el mensaje del evangelio, de tal forma que haya entregado mi vida a Jesús? Si es así, ¿cómo sucedió? Si no es así, ¿por qué no y qué se necesita para que eso suceda?

PARTE I

Creado

A medida que nos sumergimos juntos en el Evangelio, nuestro objetivo no es simplemente aprender algo, sino *tener la vivencia* de algo; en resumen, dejar que Dios nos sobrecoja. En estas páginas, no espero tanto enseñarte sino actuar como un compañero que quiere ayudarte a encontrar a Dios (o ayudarte a ayudar a otra persona a encontrar a Dios). Al leer los capítulos que siguen, pídele a Dios ese encuentro. Pídele gracias específicas que te acompañen mientras reflexionas sobre lo que significa ser creado, capturado y rescatado, y respuesta.

Al leer la 1ª Parte, "Creado", pide las gracias del asombro y la confianza.

CAPÍTULO 2

Al principio

> Levanten los ojos a lo alto y miren:
> ¿quién creó todos estos seres?
> El que hace salir a su ejército uno por uno
> y los llama a todos por su nombre
> —Isaías 40:26

La presentación tradicional del *kerygma*, o "mensaje del evangelio", siempre nos ha invitado a considerar primero la bondad de la creación. "Pero", dices, "¡esa frase no me sobrecoge, como dijo el Papa San Juan Pablo II que debería suceder!" Como mencioné en el último capítulo, tal vez podamos reformularlo para preguntarnos: "¿Por qué hay algo en lugar de nada?" ¿Eso todavía se siente demasiado académico? Vamos a reducirlo a lo básico: Creado. ¡Y pidamos al Espíritu Santo que nos dé la gracia de ser sobrecogidos y llenos de asombro, admiración y confianza al abrir esta palabra de par en par!

¿Qué significa ser creado? Cuando los seres humanos consideramos de dónde vinimos y por qué, ¿a qué conclusiones podemos o deberíamos llegar?

Es menos complicado de lo que crees. Comencemos "al principio" con el libro que Dios nos dio, la Biblia, y echemos un vistazo a la unicidad absoluta de los relatos de la creación en Génesis. Estoy convencido de que, si entendemos bien los primeros tres capítulos del Génesis, entenderemos correctamente toda la historia de la salvación. Si nos equivocamos, podemos perdérnoslo todo. Nos centraremos en estas cosas:

- cómo abordar Génesis,
- la singularidad de las historias de creación en Génesis,
- la grandeza de Dios y
- la maravilla y la confianza que se obtiene al conocer a Dios.

Antes de sumergirnos en las Escrituras, quiero mencionar un punto práctico. ¿Sabías que puedes escribir en tu Biblia? Aprendí esto de mi madre, quien siempre dejaba su Biblia en la mesa de la cocina para que todos la viéramos. Incluso cuando era niño, me sorprendió el hecho de que ella no trataba la Biblia como una reliquia, sino como algo en lo que quería profundizar. Después de que mi mamá falleció, una de mis hermanas recibió esa Biblia. Con frecuencia me envía mensajes de texto con fotografías de las notas de mi mamá al margen, —instantáneas, por así decirlo, de algo que el Señor le había revelado a nuestra mamá en oración o un versículo que habría querido recordar. Como resultado del ejemplo de mi madre, yo escribo notas en toda mi Biblia, ¡y tú también puedes hacerlo! Si vas a ser un estudiante de las Escrituras, siéntete libre de actuar como un estudiante. Subraya las palabras, deja signos de interrogación junto a los pasajes confusos y encierra en un círculo todo lo que te llame la atención. Cuando haya algo que no comprendas, haz una nota al margen o coloca una nota adhesiva para que puedas volver ahí. Las Escrituras pueden ser confusas, así que no temas en marcar tu Biblia y hacer preguntas. No vas a herir los sentimientos de Dios escribiendo en su libro. Él te quiere en esas páginas, así que prepara tus rotuladores fluorescentes.

Yendo a la biblioteca

Tengo un amigo llamado Joe, que quizás sea el principal experto del país en Mark Twain. Si yo le dijera a Joe que quisiera saber más sobre los libros de Twain y qué los hizo exitosos, una cosa que él podría señalarme sería la importancia de prefigurar. ¿Sabes cómo a veces lees un gran libro y solo cuando llegas al final de la historia te da cuenta de cuántos indicios se anticiparon desde un principio? "¡Oh, Dios mío!" tú exclamas. "¡Tengo que volver atrás y releer el capítulo 2!" De repente, ves que una oración sin importancia era en realidad una pista fundamental de la trama. Esa es una prefiguración.

Así como los autores usan la prefiguración en la literatura, Dios la usa en las Escrituras. Las Escrituras están llenas del tipo de prefiguración que llamamos "tipología". Los "tipos" son personas, lugares y eventos en el Antiguo Testamento que prefiguran los que vendrán en el Nuevo Testamento, especialmente la venida de Jesús. Los primeros tres capítulos de la Biblia están repletos de ellos: indicios, pistas, e incluso grandes revelaciones de lo que se desarrollará de manera profunda más adelante, especialmente en la vida de Jesús. Dios es el autor más grande, por lo que no es sorprendente que el drama que él creó, vivió y nos reveló en las Escrituras incluyera prefiguraciones expertas.

Lo difícil de leer la Escritura es que no es un libro. La Escritura es una biblioteca. No es un género; es un barco lleno de géneros.

RESCATADO

Así como una biblioteca moderna tiene libros contemporáneos de ficción, clásicos, biografías, romance y de "cómo hacerlo". Las Escrituras tienen innumerables secciones y estantes. Esos estantes contienen narrativa histórica, poesía, literatura apocalíptica e incluso una canción de amor justo en medio. Precisamente porque la Biblia contiene una variedad de estilos literarios en sus páginas, debemos estar atentos cuando la leemos. No existe un sistema decimal Dewey para señalar el camino, por lo que debemos preguntarnos, acerca de cualquier libro, "¿Qué género es este?"

Un documento llamado *Dei Verbum* (que en latín significa "Palabra de Dios") es útil. Puedes encontrar este documento en la portada de tu Biblia católica, o puedes encontrarlo fácilmente en línea. (Solo busca "Vaticano II Dei Verbum").

Dei Verbum es breve, fácil de leer y francamente reconfortante. Los párrafos 11 y 12 son particularmente útiles para guiarnos sobre cómo leer la Biblia:

> La santa Madre Iglesia, según la fe apostólica, tiene por santos y canónicos los libros enteros del Antiguo y Nuevo Testamento con todas sus partes, porque, escritos bajo la inspiración del Espíritu Santo, tienen a Dios como autor y como tales se le han entregado a la misma Iglesia. [7]

Esto solo confirma que Dios es el autor de las Escrituras. A continuación, preste mucha atención a los puntos que siguen inmediatamente:

> Pero en la redacción de los libros sagrados, Dios eligió a hombres, que utilizó usando de sus propias facultades y medios, de forma que obrando Él en ellos y por ellos, escribieron, como

verdaderos autores, todo y sólo lo que Él quería.[8]... Habiendo, pues, hablando Dios en la Sagrada Escritura por hombres y a la manera humana, para que el intérprete de la Sagrada Escritura comprenda lo que Él quiso comunicarnos, debe investigar con atención lo que pretendieron expresar realmente los hagiógrafos y plugo a Dios manifestar con las palabras de ellos.[9]

La Iglesia nos dice que las Escrituras deben ser "investigadas cuidadosamente". La lectura casual no será suficiente y una lectura superficial no siempre tendrá sentido. Y finalmente, Dei Verbum declara:

> Para descubrir la intención de los hagiógrafos, entre otras cosas hay que atender a "los géneros literarios". Puesto que la verdad se propone y se expresa de maneras diversas en los textos de diverso género: histórico, profético, poético o en otros géneros literarios. Conviene, además, que el intérprete investigue el sentido que intentó expresar y expresó el hagiógrafo en cada circunstancia según la condición de su tiempo y de su cultura, según los géneros literarios usados en su época. Pues para entender rectamente lo que el autor sagrado quiso afirmar en sus escritos, hay que atender cuidadosamente tanto a las formas nativas usadas de pensar, de hablar o de narrar vigentes en los tiempos del hagiógrafo, como a las que en aquella época solían usarse en el trato mutuo de los hombres.[10]

En otras palabras: "Preste atención a lo que está leyendo porque fue escrito en un momento y lugar en particular utilizando una variedad de formas literarias". Recuerde, cuando las Escrituras estaban siendo escritas, no era como si alguien tuviera un bolígrafo y un pergamino y escribiera un dictado, deteniendo a Dios de vez en cuando para decir: "Está bien, Dios, espera y baja la velocidad. Me he quedado sin pergamino".

La Escritura no es el resultado de un dictado. Entonces, cuando leemos las Escrituras hoy, tenemos un desafío doble. Primero, somos personas del siglo XXI. En segundo lugar, somos estadounidenses. No vemos el mundo de la forma en que Medio Oriente ve el mundo. Cuando tratamos de leer textos antiguos con una mentalidad estadounidense del siglo XXI, no funciona. Tenemos que luchar con estos textos para comprenderlos claramente.

El estudio de las Escrituras es vital y requiere esfuerzo. No es necesario tener un doctorado en Escritura para poder leer la Biblia, ¡pero a veces se siente como si lo fuera! Estás hojeándola y, de repente, las cosas se enturbian. Quieres levantar las manos y gritar: "No sé de qué está hablando este libro. ¡Ayuda!" Todos los que leen la Biblia, y quizás especialmente los primeros capítulos del Génesis se sienten así. No estás solo, así que voy a simplificarte el proceso.

Necesitamos hacernos dos preguntas simples: "¿Qué estilo, o género, estoy leyendo? ¿Es esto, por ejemplo, un libro de ciencia?" " La otra pregunta es: "¿Es así como los contemporáneos del pueblo judío veían el mundo?" Vamos a ver esas dos preguntas con respecto al Génesis —aquí hay algo de prefiguración— *no* es un libro de ciencia y no se parece en *nada* a lo que los contemporáneos de los judíos veían cómo era el mundo.

Nombra ese género

Antes de sumergirte en la Biblia, recuerda: Tu primera pregunta siempre es "¿qué estilo estoy leyendo?"

Compartiré una respuesta que me dio un sabio mentor y estudioso de las Escrituras. Me dijo que la mejor manera de abordar Génesis 1, 11 es como poesía inspirada. Este es un estilo de escritura que dice la verdad, pero nos comunica esa verdad en un lenguaje poético.

Tal vez la idea del "lenguaje poético" te haga explotar la cabeza, especialmente si eres un ingeniero o matemático. La mayoría de nosotros piensa en la "verdad" como hechos científicos fríos y duros. Pero esa es una comprensión reducida de la verdad. Si la única verdad es la que se compone de hechos científicamente repetibles, y si el mundo es comprensible sólo a través de fórmulas matemáticas, ¿cómo demostramos intangibles como el amor? ¿Es el amor indemostrable? Por supuesto no. Sabemos que el amor es real. Simplemente no podemos verificarlo por el método científico.

Los capítulos iniciales del Génesis, entonces, son poesía, y nos comunican la verdad de una manera rica y diversa. Eso es inmediatamente útil porque los primeros tres capítulos de Génesis, especialmente las historias de la creación y la caída no son fáciles de creer en el nivel de "hechos científicos fríos y sólidos". Es por eso por lo que muchas personas, tanto dentro como fuera de la Iglesia, piensan o temen que creer en la Biblia significa que tenemos que dejar nuestra inteligencia en la puerta. "¿Cómo se supone que voy a creer", preguntan, "historias sobre un mundo hecho literalmente en siete días, una mujer hecha de la costilla de un hombre, una serpiente parlante, y que comer algo de fruta condujo a la caída de toda la raza humana? ¿Están los cristianos locos o son simplemente estúpidos?"

No, no estamos locos, no somos estúpidos y todos podemos relajarnos porque tampoco tomamos esas historias literalmente. Cuando leemos la Biblia, vemos que la Escritura misma nos dice que no leamos estos capítulos literalmente. Repitamos eso: como católicos, no leemos todo en la Biblia literalmente. Una interpretación literal se aplica a muchas historias y eventos en la Biblia, pero debemos tener en cuenta el género empleado antes de determinar si un texto debe tomarse literalmente o no. El género del Génesis es la poesía. Recuerde lo que nos dijo *Dei Verbum*:

> Para descubrir la intención de los hagiógrafos, entre otras cosas hay que atender a "los géneros literarios". Puesto que la verdad se propone y se expresa de maneras diversas en los textos de diverso género: histórico, profético, poético o en otros géneros literarios.[11]

En la forma literaria poética utilizada en Génesis, la forma en sí misma prácticamente nos grita: "No leas esto literalmente".

Veamos dos casos que prueban este punto.

¿Comete Dios errores?

¿Sabes cuántas versiones de la historia de la creación hay en el libro del Génesis? Dos. Una está en el primer capítulo; la otra, en el segundo. Hay *dos historias de la creación separadas, una tras otra, ¡y son diferentes*! No es como si los escritores y editores de las Escrituras inspirados por Dios simplemente pasaran por alto ese hecho o cometieran un error de publicación. No es que lanzaron una variedad de versiones solo para cubrir todas las bases y esperaban que no nos diéramos cuenta. Hay una razón para la variación. Es una forma sutil de decir: "No leas esto literalmente". Dios, el autor definitivo, les está diciendo con consideración a sus lectores: "¿Ese primer capítulo no te funcionó? Agreguemos este. Este te ayudará a entender".

Aquí hay otra sección que nos dice que no interpretemos la historia de la creación literalmente. Leemos:

> Dios dijo: «Que haya astros en el firmamento del cielo para distinguir el día de la noche; que ellos señalen las fiestas, los días y los años, y que estén como lámparas en el firmamento del cielo para iluminar la tierra». Y así sucedió. (Génesis 1, 14-15)

> Dios hizo que dos grandes astros –el astro mayor para presidir el día y el menor para presidir la noche– y también hizo las estrellas. (Génesis 1, 16)

> Y los puso en el firmamento del cielo para iluminar la tierra, para presidir el día y la noche, y para separar la luz de las tinieblas. Y Dios vio que esto era bueno. Así hubo una tarde y una mañana: este fue el cuarto día. (Génesis 1, 17-19)

Como mencioné anteriormente, la gente a veces desafía la autoridad de la Biblia preguntando: "¿Son tan estúpidos que piensan que la tierra fue creada en siete días de veinticuatro horas?" Aquí hay una forma en que a menudo respondo: "Soy estúpido en muchas cosas, pero esa no es una de ellas. No, los católicos no creemos que el mundo haya sido creado en siete días de veinticuatro horas. En realidad, la Biblia misma nos dice que no fueron días de veinticuatro horas".

"¿Eh? ¿Dónde dice *eso* la Biblia?" "Génesis dice que el sol y la luna fueron creados en "el cuarto día". ¿Cómo, precisamente, obtendríamos "un día" sin sol? No lo haríamos, y no lo hicimos porque es imposible. Los días, como los conocemos, no existían hasta que el sol y la luna fueron creados y puestos en movimiento. Claramente, estos no son días literalmente. La historia de lo que sucedió cada "día" es otra forma en que las Escrituras nos instan a: "No se pierda en las minucias. No se centre en lo que los autores *no* intentan comunicarle. Concéntrese en las verdades que *se le* transmiten." Dios no está revelando *cómo* sucedió todo. Está revelando *por qué* sucedió. La incomprensión de los géneros de las Escrituras da lugar a debates infructuosos sobre cosas como la creación frente a la evolución, pero no hay necesidad de tal debate. El verdadero debate, la pregunta crucial, es sobre creación versus caos. O todo lo que existe está aquí por una razón, o todo apareció al azar.

¿En cuál crees? ¿Creación o caos? ¿Y por qué?

La totalidad de la persona humana

Entonces, los primeros capítulos del Génesis fueron escritos en lenguaje poético. Mi amigo Joe, el experto en Mark Twain, y yo éramos estudiantes de inglés. Cuando escuchamos la palabra "poesía" estamos dispuestos, listos para analizar, discutirlo y hacer todo lo "estudioso" que haga falta. Pero tal vez cuando tú escuchas la palabra "poesía", piensas: "Dios, ¿por qué estoy leyendo esto? *Detesto* la poesía." Quédate conmigo. Cuando comprendas lo que quiero decir con poesía, cambiará todo.

La poesía es en realidad una forma de hablarle a la persona humana en su entereza de una manera que una fórmula científica no puede hacerlo. Por importante que sea la ciencia, y la Iglesia tiene un gran respeto por la ciencia porque nos ayuda a comprender la verdad, tiene un límite. La ciencia no puede responder a la pregunta más importante del universo: ¿*por qué*? Solo el autor del universo puede decirnos *por qué* hay algo en lugar de nada. Y lo hace.

Veámoslo desde otro ángulo y comparemos dos formas de hablar. Quiero que te imagines a alguien a quien amas. Ahora imagínate expresarle tu amor a esa persona usando sólo términos objetivos, matemáticos o científicos. Puede sonar así: "Estoy experimentando algo en relación contigo que se caracteriza por sentimientos de calidez, cercanía y afecto. Como ser humano, estoy programado para vivir en comunidad y está en mi ADN formar vínculos con otras personas. Siento tal apego a ti. Varias hormonas también están involucradas, y ocasionalmente puedo actuar de una manera que parece contraria a la razón, quizás incluso respondiendo con vértigo. Yo creo que el término para esto es amor."

¿Crees que te ganarías el corazón del hombre o la mujer que amas? Lo dudo.

Lo más probable es que camines de la mano de tu amado, rebosante de gratitud y asombro por esta relación y todas las riquezas que ha traído a tu vida y te encuentres diciéndole: "Te amo. Eres todo para mi. Has cambiado mi vida y no puedo imaginar un mundo sin tí".

Esa es la diferencia entre las explicaciones científicas y la poesía. A medida que nos adentramos más y más en las Escrituras, descubriremos que se parece más a una carta de amor de Dios a toda la persona humana que a un artículo de periódico que detalla eventos. Y esa es la belleza —y el ingenio— de la palabra de Dios.

CAPÍTULO 3

La singularidad de la historia de la creación del Génesis

Ahora sabemos que, para ver los primeros capítulos del Génesis a través del lente de la poesía inspirada debemos abordar la segunda pregunta: *¿Es así como los contemporáneos del pueblo judío veían el mundo?* Comparemos los primeros capítulos del Génesis con las historias de la creación, también conocidas como mitos de la creación, del antiguo Cercano Oriente.

Mito, en este contexto, no se refiere a un relato ficticio de la realidad. Más exactamente, es un intento de describir la realidad en su totalidad. Cuando escuchamos la palabra "mito", podríamos imaginar un cíclope o un centauro y decir en mofa: "Nada de eso es cierto". Pero eso no es lo que queremos decir cuando usamos aquí la palabra "mito". Como dice un sabio amigo mío, en esencia, "mito" significa "una historia significativa o una narrativa general que da sentido a la existencia".

Cuando estaba en la Universidad de Michigan, tomé una clase de mitología. Me encantó la clase, pero no me encantó escuchar que el profesor afirmaba que todas las culturas antiguas tienen historias de creación que son esencialmente las mismas. Te lo aseguro: esa afirmación es una absoluta tontería. Ningún otro mito tiene nada parecido a las historias de la creación que se encuentran en los dos primeros capítulos del Génesis. Hay muchas historias de la creación sorprendentemente diferentes en los antiguos mitos del Cercano Oriente, pero en general, su intento de abordar la pregunta "¿Por qué hay algo en lugar de ¿nada?" se ve más o menos así:

- Hay muchos dioses.
- Estos dioses ni siquiera tienen el control: están sujetos a algo más grande, a menudo llamado una versión "del azar".
- Los dioses son violentos, lujuriosos, codiciosos y caprichosos.
- Los dioses crean a los hombres para que sean sus esclavos, para que puedan descansar.
- Las mujeres no tienen dignidad y fueron creadas únicamente para tener hijos y el placer sexual del hombre.

Estos mitos de la creación presentan dioses que actúan, pues, como nosotros. Son codiciosos, lujuriosos, rencorosos, enojones y constantemente en guerra entre ellos. Son prefiguraciones horribles y obvias de los seres humanos.

En algún momento de estas historias de la creación, los dioses crearon al hombre para que fuera un esclavo. Dado que los dioses siempre estaban buscando el ocio, querían que alguien se hiciera cargo de su trabajo, dejándolos libres para holgazanear, actuar según su lujuria o simplemente pasar el rato. Las mujeres, consideradas como completamente inferiores, mental y físicamente, existían sólo para la reproducción y el placer masculino sin evidencia de su dignidad como seres humanos.

La cosmovisión dominante, así como la conclusión de tales mitos, es que los seres humanos no tenemos una dignidad inherente. ¿Cómo podríamos? Cuando se eclipsa al creador, la criatura pierde toda dignidad intrínseca. Si fuéramos creados por los dioses para ser juguetes, esos dioses nos prestarán atención sólo cuando sintieran la necesidad de entretenerse, como un niño podría ver hormigas en una acera a través de una lupa.

Imagínate ese mundo. Viniste de la nada, no vas a ninguna parte, y te esfuerzas diariamente por hacer el trabajo para el que has sido programado. No existe un propósito fundamental para el matrimonio, la familia o la sexualidad. Ni siquiera hay un propósito en el trabajo que estás haciendo: eres como esa hormiga, cumpliendo con sus deberes en la colonia y solo ocasionalmente siendo notado por los dioses que encuentran divertida tu interminable labor.

¿Qué reina en un mundo así? Desesperación. El sinsentido. Desesperación.

Cuando las respuestas a las preguntas, *¿por qué estoy aquí?*, y, *¿a dónde voy?*, son por *ninguna razón y a ninguna parte*, las criaturas dejan de hacerse la siguiente pregunta significativa: *¿Cómo llego allá?* Esa no es una pregunta relevante cuando está uno en un tren que no va hacia ninguna parte en un mundo que carece de significado.

Entonces, ¿Qué se hace? ¿Cómo se vive? Se minimiza el dolor y se maximiza el placer. Si vas a vivir según las reglas de la realidad que te ha sido entregada —*que en realidad nada importa*— explotas a otras personas y ellas te explotan a ti mientras todos persiguen la existencia más placentera posible. Es cada hombre para sí mismo. ¿Por qué perder el tiempo con bondad, integridad y siendo bueno? No vas a ir a ninguna parte y no hay consecuencias más allá de este mundo finito, así que el objetivo es: *¡diviértete!*

Ese es el mundo antiguo que he estado describiendo, y diría que es la cosmovisión que domina nuestra cultura actual. Cuando se eclipsa al creador, la criatura que está hecha a su imagen y semejanza pierde toda dignidad intrínseca. En otras palabras, si la sociedad decide que Dios no existe, la vida humana no tiene sentido.

Imagen y semejanza

En contraste con esa desolación, considera la cosmovisión presentada en Génesis:

- Solo hay un Dios.
- Él es *bueno*. Él está completo. No necesita nada fuera de sí mismo.
- Dios creó todo de la nada: libre, sin esfuerzo y generosamente.
- Todo lo que creó fue hecho por amor.
- Todo lo que Dios creó es *bueno* (y nos lo dice repetidamente).
- Lo más destacado de todo lo que Dios creó es la persona humana, hecha a su imagen y semejanza.
- El hombre y la mujer son creados absolutamente iguales en dignidad; solo *juntos* reflejan *plenamente* la imagen de Dios.

- El fin, el propósito y la razón por la que toda persona humana fue creada es para ser divinizada.

En cuanto a la bondad de Dios, observa otro punto importante del Génesis, al que volveremos más adelante. Esto es del sexto día de la creación:

> Dijo Dios: "Produzca la tierra animales vivientes de cada especie: bestias, sierpes y alimañas terrestres de cada especie." Y así fue. Hizo Dios las alimañas terrestres de cada especie, y las bestias de cada especie, y *toda sierpe del suelo* de cada especie: y vio Dios que estaba bien. (Génesis 1, 24-25)

¡No olvides esta pequeña prefiguración! ¿Qué es *"toda sierpe del suelo"*? Serpientes. En el tercer capítulo del Génesis, emergerá una serpiente, y esa serpiente se convertirá en el antagonista de toda esta historia. Ella es la razón por la que todo salió mal. Pero recuerda esta gloriosa verdad: solo hay un Dios, y él es bueno. El enemigo no es un "rival" de Dios; él es sólo una criatura.[12] Luego, en Génesis 1, 26-27, leemos algo extraordinario: "Hagamos al ser humano a nuestra imagen, como semejanza nuestra, y manden en los peces del mar y en las aves de los cielos, y en las bestias y en todas las alimañas terrestres, y en todas las sierpes que serpean por la tierra".

¡Qué marcado contraste con la cosmovisión del antiguo Cercano Oriente, en la que los dioses crearon al hombre para que fuera un esclavo! En la cosmovisión bíblica, los seres humanos son creados *a imagen y semejanza de Dios*. ¿Qué significa eso? Desempaquémoslo.

En primer lugar, significa que, de todas las criaturas, el hombre de alguna manera es capaz de —*destinado a*— representar a Dios en la tierra. Esto no se refiere a una representación corporal: que nos parezcamos a Dios o que él se parezca a nosotros. Significa que se supone que el hombre de alguna manera *hace que Dios esté presente* en la tierra. Esa es la vocación del ser humano.

Segundo, Dios comisionó al hombre para que ejerciera dominio sobre la tierra. Esto a veces se malinterpreta en el sentido de dominar o explotar la tierra, pero eso está mal. Dominio significa que somos mayordomos de toda la creación, a quienes se nos ha confiado la responsabilidad de cuidar la tierra. Un mayordomo está a cargo de algo que pertenece a otro. Dado que todo pertenece a Dios y somos sus mayordomos, se deduce lógicamente que un enfoque ecológico en el cuidado de la tierra es una parte vital de las enseñanzas de la Iglesia.

En tercer lugar, ser hechos a imagen y semejanza de Dios, que es el inventor de la razón, significa que también nosotros tenemos la capacidad de la razón. Este es un punto vital. Jesús, a través de su Iglesia, quiere que crezcamos no solo en la fe, sino también en la *razón*. Nuestra cultura a menudo divide a las personas en dos categorías. Por un lado, hay personas que son inteligentes, lógicas y razonables y, por otro lado, hay personas de fe insensatas, sin educación e irracionales. Pero tener fe no es ser ingenuo o ilógico. Después de todo, ¡la Iglesia estuvo a la vanguardia del establecimiento de universidades y educación superior! La Iglesia siempre ha creído que cuanto más empleamos el intelecto y la razón, más podemos aprender acerca de Dios, quien se revela de innumerables formas en su creación.

La fe no es ciega, pero es una forma de saber. Es diferente del razonamiento científico, pero no contradice la razón. Esto es inmensamente importante. Vivimos en una época de muy poco pensamiento crítico y de muchos gritos emocionales e insultos. Sin embargo, la forma razonable de abordar los temas cruciales es aprender, examinar los distintos lados de los argumentos, tomarse un tiempo para el discernimiento y luego permitir que la verdad, no el sentimiento, nos lleve adelante.

El cuarto aspecto de ser hechos a imagen y semejanza de Dios significa que tenemos la capacidad de la libertad. Los seres humanos son libres de una manera que no lo es ninguna otra criatura de la tierra. Los animales no tienen libertad; operan por instinto. Un perro no puede ser desobediente. Lo puedes llevar a la escuela de obediencia, pero las lecciones no dotan al perro de libre albedrío. Simplemente reentrenan un instinto en él. También tenemos instintos, pero no tenemos que actuar en consecuencia. Tenemos tanto el intelecto como el libre albedrío para tomar decisiones informadas. Podemos sentirnos extraordinariamente molestos por algo o alguien, pero tenemos el poder de poner una cara cortés e interactuar de manera civilizada. Podríamos enfurecernos y, en medio de esa ira, pensar, *¡me gustaría matar a ese tipo*! Pero no tenemos que actuar con base en a nuestros sentimientos o nuestros instintos más básicos. Los seres humanos tienen la libertad de determinar qué es lo correcto y luego actuar en consecuencia.

Los seres humanos y los ángeles son las únicas criaturas que tienen la capacidad de elegir la obediencia a o la desobediencia de Dios.

Libertad de y libertad para

En nuestra cultura actual, "libertad" es una palabra 'de peso' y a menudo mal entendida. Es importante para nosotros recuperar y comprender esa palabra correctamente. Pensamos en la libertad como la capacidad de hacer lo que queramos cuando queramos. Pero eso no es verdadera libertad, eso es anarquía. Por ejemplo, no puedes simplemente elegir conducir por el lado equivocado de la carretera en el camino a casa. Si eres alcohólico, no puedes simplemente elegir beber en exceso; tu adicción te lleva a una esclavitud en la que ya no tomas decisiones libres. Eso no es libertad; eso es un par de cadenas.

La libertad genuina no es solo libertad *de*, sino libertad *para*. Estar libre *de* restricciones significa ser libre *para* tomar decisiones con claridad. Un alcohólico debe estar libre *de* embriaguez *para* poder elegir la sobriedad. Si todavía está atado por las cadenas del alcohol, no está tomando decisiones reales; simplemente está sentado en su prisión.

Una vez tuve un amigo que era adicto al crack. Sufrió como pocas personas que he conocido. En el poco tiempo que lo conocí, vendió sus muebles, su auto e incluso su cuerpo solo para conseguir su próximo 'pasón'. El día que vendió todos sus muebles, él y su esposa vinieron a verme. Estaba lívida y expresó su enojo y frustración. Él la miró y, llorando, dijo: "¿Crees que me gusta esto? Que yo quiero esto ¡Odio esto! ¡Estoy atascado y no sé cómo cambiar!" Necesitaba desesperadamente y quería liberarse *de*.

Entonces, ¿cuál es el propósito de la libertad humana? Dios nos creó libres principalmente para que pudiéramos amar. Sin amor, no podemos ser verdaderamente felices. No puedo decirle a alguien:

"*Debes* amarme". Eso no sería amor. Solo alguien que es libre puede amar genuinamente. Y es por eso por lo que Dios *nos* hizo libres—a los ángeles y a los seres humanos.

Varón y mujer los creó

Génesis 1, 27 dice: "Y Dios creó al hombre a su imagen; lo creó a imagen de Dios, los creó varón y mujer."

Si estuviera parado frente a ti dando una charla en este momento, este es uno de esos momentos en los que diría: "¡Escuchen! ¡Esto es *enorme*!"

Podría escribir un capítulo completo sobre esta verdad particular revelada en Génesis, pero por ahora, centrémonos en esto: ni los varones ni las mujeres agotan lo que significa ser humano. Ninguno de nosotros, por nuestra cuenta, podemos abarcar plenamente lo que significa ser a la imagen de Dios. Solo *juntos* el hombre y la mujer son imagen de Dios. El hombre y la mujer, aunque diferentes y distintos, son iguales en dignidad y valor. Y como todo lo demás que Dios creó, eso es *bueno*.

El fundamento supremo de esto es la Trinidad (otro tema digno de su propio libro) porque Dios es tres Personas —Padre, Hijo, Espíritu Santo— y son *Personas iguales pero distintas*. De la misma manera, todos fuimos hechos a imagen y semejanza de Dios; por lo tanto, somos iguales ("varón y hembra los creó"—Génesis 1, 27) pero distintos. Ninguno es mejor que el otro. Simplemente somos diferentes.

Pero hay un problema con eso. Desde la caída de la humanidad en el jardín, nuestro mundo a menudo ha sido gobernado y normado no solo por hombres, con exclusión de las mujeres, sino por hombres *malos*, hombres deformados que no entienden lo que significa ser humano. Al ver el "éxito" de estos hombres, las mujeres a veces han imitado a los "hombres que se portan mal" y, como resultado, las cosas están más que un poco desordenadas. El objetivo de la vida no es amasar dinero, poder y placer, mientras explotamos a todos en nuestro camino. El propósito de la vida es ser amado y amar. Nada más nos dará satisfacción en última instancia. Necesitamos desesperadamente hombres y mujeres sanados para que aporten sus perspectivas únicas a nuestra complicada situación.

Único, necesitado y hecho para la eternidad

Génesis 1, 28 continúa diciendo: [Dios] "los bendijo, diciéndoles: «Sean fecundos y multiplíquense»".

Dos cosas sobre este pasaje apuntan a la naturaleza particular de los seres humanos en el mundo que Dios ha creado. ¿Has notado que hay una diferencia en la forma en que Dios se dirige a los animales y en la forma en que les habla a los humanos? En Génesis 1, 22, después de crear las criaturas del mar y el aire, leemos: "Y los bendijo, diciendo: «Sean fecundos y multiplíquense»". Pero en Génesis 1, 28, después de la creación del hombre y mujer, leemos: "los bendijo, y les dijo: «Sean fecundos y multiplíquense»". Esta sutil diferencia en el lenguaje es otra indicación de la absoluta singularidad de la persona humana. Y ten en cuenta que la sexualidad es bendecida, lo que revela que el matrimonio y la sexualidad son parte del plan divino, al contrario de las historias de la creación del antiguo Cercano Oriente, en las que ni el matrimonio ni la sexualidad tenían un propósito final.

En Génesis 1, 29, "Y continuó diciendo: «Yo les doy todas las plantas que producen semilla sobre la tierra»".

Esto nos recuerda un punto más simple pero importante: el hecho de que los seres humanos necesitan comida significa que somos, por definición, seres dependientes. No somos autosuficientes. *Necesitamos recibir*. Es una característica que define a la humanidad: somos una *necesidad gigante*. Pero Dios sabe esto y se complace en proveernos y se preocupa por sus criaturas dándonos todo lo que necesitamos. Es un buen Padre.

Finalmente, también ten en cuenta que nada muere en el paraíso. Dios creó, proveyó y —en un principio— la muerte no era parte del plan.

Así que este primer relato de la creación termina en el capítulo 2, versículo 2, con estas palabras; "El séptimo día, Dios concluyó la obra que había hecho, y cesó de hacer la obra que había emprendido." Esto destaca la importancia del sábado/Shabat y, contrariamente a las imágenes populares de Dios como un capataz rígido y severo, nos dice que a Dios también le encanta jugar. No fuimos creados solo para la adoración y el trabajo, sino también para el descanso, renovación, esparcimiento y diversión. Una vez más, es un buen Padre, que nos proporciona todo lo que necesitamos. Y este buen Padre es también un Dios grandioso y todopoderoso que nos ama más allá de cualquier cosa que podamos comprender o imaginar.

CAPÍTULO 4

La grandeza de Dios y su osado amor

Hasta ahora, hemos cubierto cómo abordar las Escrituras, la singularidad de los seres humanos hechos a imagen y semejanza de Dios, y nuestra capacidad de razón y libre albedrío. Hemos analizado la asombrosa complementariedad de hombres y mujeres, la naturaleza de la humanidad como seres necesitados y la provisión de Dios como Padre bueno y generoso. Todo esto se puede resumir en unas pocas palabras sencillas: Dios nos hizo para ser amados y para amar. De ahí es de donde viene la verdadera felicidad.

Ser amado y amar. Es importante destacar que es en ese orden: Ser amado por Dios vino primero! Para que podamos dejar de hacer planes para ganar el amor de Dios, como yo lo hice durante tantos años. Muchos de nosotros pasamos por la vida preocupándonos: "Espero ser lo suficientemente bueno para agradar a Dios y ganar su amor". Sabe esto: *nadie* es lo suficientemente bueno. Pero Dios nos ama de todos modos. Por eso llamamos a su amor un regalo.

Pero ¿qué tipo de ser ama con tanta riqueza, tanta generosidad y tanta grandeza? ¿Quién es este Dios que lo creó todo? Para responder a eso, volvamos a Génesis 1. Con suerte, mientras miramos un solo verso, nos sentiremos maravillados, asombrados y confiados en Aquel que nos hizo para ser armados y amar.

Génesis 1, 16 es un pasaje que es fácil de leer. ¡Hasta hace un año, ni siquiera yo le había prestado mucha atención! Pero cada vez más, considero que es uno de los pasajes más extraordinarios y amenos para contemplar la grandeza de Dios. El pasaje comienza: "Dios hizo que dos grandes astros —el astro mayor para presidir el día y el menor para presidir la noche." Eso se refiere al sol y la luna. Luego, casi como una ocurrencia tardía, continúa: "y también hizo las estrellas".

Me imagino al autor de este pasaje poniendo la pluma a un pergamino y escribiendo, *hizo el sol, hizo la luna*. Luego lo imagino mirando hacia arriba, reflexionando, como si hubiera olvidado algo. De repente se le ocurre: *¡Sí, claro! Casi lo olvido. Él hizo las estrellas.*

¿Perdón? *También hizo las estrellas.* ¿Tienes idea de cuántas estrellas hay?

Hablemos de estrellas. Si realmente pensamos en un ser que es capaz de hacer estrellas, nos damos cuenta de que Dios es *incomprensible*. Este pasaje es una de las formas más increíbles y útiles de exponer ese concepto.

El universo tiene cuarenta y seis mil millones de años luz de diámetro (eso es cuarenta y seis mil millones multiplicado por casi seis miles de billones). Nuestro sol es una de las aproximadamente *cien mil millones* de estrellas de nuestra galaxia. Y hay aproximadamente cien mil millones de galaxias en el universo. No sé ustedes, pero no estoy seguro de qué hacer con esos números. Me pierdo en ellos. Cien mil millones de estrellas en cien mil millones de galaxias, ¿qué tamaño *es* este? Y el autor dice: "Oh, sí, él también hizo estos. Olvidé mencionar estos pocos cuatrillones de cosas."

Cuando alguien que estudió inglés, como yo, escucha números como ese, le duele el cerebro. ¿Cómo podemos comprender mejor lo que se está revelando? Una vez escuché a un astrofísico de partículas de alta energía, que estaba dando una charla sobre la grandeza de Dios, explicar la magnitud de estos números. Dijo: "Imagina un castillo de arena donde cada grano de arena es una estrella en el universo. ¿Qué tamaño debería tener el castillo de arena para replicar el tamaño del universo? Sería cinco millas de largo, cinco millas de ancho y cinco millas de alto". Eso es alucinante.

Soy una persona visual y quería visualizar mejor esto, así que un día salí y conduje esa distancia. Imagínelo: estoy conduciendo con la cabeza fuera de la ventana, tratando de "ver" cinco millas en el aire, lo que equivale aproximadamente a la montaña más alta del planeta. Así que ahí estoy, conduciendo a cinco millas de mi iglesia, y luego a cinco millas, luego hacia atrás, y todo el tiempo, estaba mirando hacia arriba, tratando de captar esta imagen de un enorme castillo de arena en el que cada grano de arena es una estrella. Pasmoso.

Aquí hay otra imagen que podría ayudar. Nuestro sol es una estrella relativamente pequeña y, sin embargo, nuestro sol podría contener aproximadamente 960.000 Tierras. Una de las estrellas más grandes del universo, el Can Mayor, (que en latín significa "El perro grande"), podría albergar siete cuatrillones de Tierras. *Siete cuatrillones.*

¿Y qué es un cuatrillón? Si nuestras cabezas aún no han explotado, intentemos comprenderlo.

Si empezaras ahora mismo a contar hasta un millón, te llevaría once días y medio. Si contara hasta mil millones, te llevaría treinta y un años. Si intentaras contar hasta un billón, no lo lograrías porque le llevaría treinta y un mil años. ¿Contando un cuatrillón de segundos? ¡Treinta y un millones de años!

¿Has conseguido manipular un cuatrillón? *Siete cuatrillones* de Tierras caben adentro del Can Mayor, y esa es solo una de los cientos de miles de millones de estrellas en un universo de cuarenta y seis mil millones de años luz de diámetro y en constante expansión.

Sí, claro. Él hizo las estrellas. Casi me olvidó de mencionar eso.

¿Cuáles son para nosotros las ramificaciones de este universo enorme, asombroso y alucinante?

Hay una ramificación muy importante: en este universo que es masivo más allá de nuestra comprensión, la criatura que Dios ama más que a cualquier otra criatura eres tú. No es "nosotros" o "la humanidad en general". Dios no ve números ni multitudes. Ve seres humanos individuales. Conoce nuestros nombres.

Por eso, cada persona humana es tan importante para la Iglesia.

Como estoy seguro de que muchos de ustedes lo hacen, recuerdo vívidamente dónde estaba el 11 de septiembre de 2001: en un aeropuerto Chicago, a punto de abordar un avión a Minneapolis. En una televisión, vi lo que parecía un avión volando hacia el World Trade Center. De pronto estalló un caos total. La gente gritaba y la policía estaba por todas partes. Nos sacaron apresuradamente del aeropuerto, nos subimos a los autobuses y me llevaron a un hotel. Mientras esperaba que un amigo me recogiera, muchos de nosotros nos congregamos alrededor de un televisor en el vestíbulo del hotel, viendo cómo se desarrollaban los horrendos acontecimientos. Un presentador de la red estaba en medio de una noticia cuando alguien le entregó una nota. La leyó y, con gran tristeza, miró a la cámara y dijo: "Me acabo de enterar de que uno de esos aviones volaba de Boston a Los Ángeles. Apuesto a que había algunas personas importantes en ese avión".

¿*Algunas* personas importantes? Nunca olvidaré esas palabras y me asombró su descaro. Probablemente estaba imaginando celebridades, deportistas. ¿Y los maestros, las amas de casa o los papás, los recepcionistas, los oficiales de policía o los plomeros que iban en ese vuelo? No hay gente *sin* importancia. Estamos vivos simplemente porque Dios quiso que existiéramos. *Todos* somos personas importantes para Dios. Él sabe todo sobre ti y sobre mí. No porque nos esté espiando a través del ojo de una cerradura, sino porque él, el Dios que sopló vida en este universo incomprensible sin esfuerzo alguno, es también un Padre que se preocupa por ti y por mí más allá de lo que pudiéramos imaginarnos.

Ser amado y amar

En la introducción, hablamos de las tres preguntas más importantes de la vida: *¿Por qué estoy aquí? ¿A dónde voy? ¿Como llego hasta ahí?*

La respuesta a todas esas es una palabra: amor.

¿Por qué estoy aquí? Porque el Creador de este universo masivo e incomprensible, el Dios que simplemente sopló, habló y quiso que existieran galaxias enteras, eligió crearme. No solo "sucede" que yo esté aquí, ni tú tampoco. Estamos aquí porque Dios nos creó, por su amor.

¿A dónde voy? Fuiste creado a imagen y semejanza de Dios y es el punto culminante y el pináculo de todo lo que él hizo, estás destinado a ser divinizado. Ese es tu destino y el destino de toda persona humana. Estás destinado a compartir para siempre la vida, el gozo y la felicidad abundantes de Dios. Es ahí hacia donde vas.

¿Cómo llego hasta ahí? Llegamos allí por amor: El amor de Dios por nosotros, plenamente revelado en la vida, muerte y resurrección de Jesús, y por nuestra respuesta amorosa a Dios y el amor entre cada uno de nosotros.

La Biblia como bálsamo curativo

Un amigo mío solía decir que la Biblia es curativa. La historia de nuestra creación, única en todo el tiempo y el espacio, nos transmite un bálsamo curativo. Esta noche, si puedes, sal y observa las estrellas. Intenta contarlas. Recuerda que hay *cientos y cientos de miles de millones* de estrellas. Sabe que el Dios que quiso que todas ellas existieran tiene *tu* vida, así como la vida de todos los que tú amas.

¿Altera eso tu concepción e imagen de él?

Quizás cuando rezas, tienes una imagen de Dios en tu mente, como yo a menudo. Nos preguntamos nerviosamente si Dios puede "quizás" o "posiblemente" hacer algo para responder a nuestras ansiosas oraciones sobre nuestras vidas, nuestro país, nuestra Iglesia.

"¿Tal vez?"

Sabe que cualquier imagen limitada que nuestra mente pueda crear, está equivocada. Dios, que nunca está nervioso, ansioso o preocupado, sino que es poderoso y majestuoso más allá de todo entendimiento, sostiene tu vida firmemente en la palma de su mano.

Imagínate las dificultades en tu vida —enfermedad, ansiedad, relaciones, problemas financieros y todas las cosas que te mantienen despierto a las tres de la mañana— y debes saber que puedes relajarte.

En verdad. "Descarguen en él todas sus inquietudes", nos dicen las Escrituras, "ya que él se ocupa de ustedes" (1 Pedro 5, 7).

Dios creó y dirige a este inmenso universo, y nada es más importante para él que tú y yo. Él puede cuidar de nuestras vidas. Confía en que él te cuida. El Creador del universo te conoce y te ama, no solo cuando te "portas bien" y haces todas las cosas que te dice que hagas, sino todo el tiempo. Quiere decirte: "Eres mi hijo, te quiero. Tu vida esta en mis manos. No tengas miedo".

Antes de iniciar este capítulo, te animé a orar por las gracias del asombro y la confianza. ¿Las sientes? ¿Sientes la inmensidad y el poder de Dios? ¿Sientes su amor y realmente crees que le importas?

Tú lo haces. Él piensa que vales la pena. Y eso es lo que significa ser creado.

Resumen de la Parte I: Creado

- La Escritura es una biblioteca; debes saber qué género estás leyendo.
- Hay un solo Dios que libremente eligió crear y todo lo que hizo es bueno.
- Nosotros, la persona humana, somos lo más destacado de su creación, hechos a su imagen y semejanza.
- Tenemos razón y libre albedrío, lo que nos hace capaces de un amor genuino.

- Fuimos hechos para relacionarnos (con él y entre nosotros); nuestro destino es ser divinizados y participar de la naturaleza de Dios.
- Dios es más poderoso que cualquier cosa que podamos comprender.
- La verdadera felicidad significa ser amado y amar.
- Comprender la naturaleza de Dios (tanto su inmenso poder como su íntimo amor por mí) conduce al asombro y a la confianza.

Preguntas para la discusión

1. ¿De qué estoy ansioso o temeroso en este momento en mi vida? ¿Está mi vida llena de seguridad y confianza o estoy plagado de ansiedad y miedo?
2. ¿Qué efecto tiene en mí y en mis miedos contemplar la grandeza y la magnificencia de Dios y su amor personal?
3. ¿Cuál es mi imagen de Dios ahora?

1- De no saber lo que trae el futuro, siempre he tenido confianza, ahora padezco de ansiedad.

2- Fortalece mi fé y esperanza.

PARTE II

Capturado

Al leer la II Parte, "Capturado", pide la gracia de la desesperación. (Esto puede sonar descabellado; pero te aseguro de que te hablaré sobre esto más adelante.)

CAPÍTULO 5

¿Qué diablos pasó?

Cuando consideramos la condición humana, nos imaginamos a dos actores en el escenario: Dios y yo. Y si algo sale mal, ¿a quién culpamos? Nos gusta señalar con el dedo a Dios. En nuestras vidas, sin embargo, hay realmente tres personas en el escenario: Dios, tú/yo y otro. ¿Quién es el otro? En este capítulo, vamos a pasar de la maravilla y el asombro que fluye de "Creado" a "la mala nueva". Le pediremos al Espíritu Santo que haga brillar una luz brillante y limpiadora y exponga al actor clave, ese tercer actor en el escenario de nuestro drama humano. Él es nuestro enemigo, el que, en última instancia, tiene la culpa de todo lo que salió mal.

Antes de meternos en la tercera parte del kerygma, "Capturado", quiero compartir una palabra de advertencia y una palabra de esperanza.

En primer lugar, la advertencia: esta *no* fue una sección amena de escribir y no será una sección amena de leer. Pero por favor aguanta aquí conmigo. Estoy convencido de que la razón por la que mucha gente no piensa en el evangelio como una noticia inesperada y extraordinaria es porque que no conocen ni comprenden "la mala nueva". Rara vez escuchamos sobre eso en la misa, y los medios seculares tampoco hablan de eso. Pero la mala nueva no es solo mala, ¡es horrible! Si no comprendemos lo que nos hubiera pasado si Jesús no nos hubiera rescatado de nuestro cautiverio, nos perderemos lo extraordinario del evangelio.

En segundo lugar, y lo más importante, es la esperanza. Al leer esta sección, recuerda que solo hay un Dios y que es bueno y sin rival. Podemos y necesitamos explorar el horror de nuestro cautiverio precisamente porque Dios mismo nos ha revelado estas verdades. Lee esta sección con confianza, no con miedo, porque Dios tiene el control de exponer al enemigo. El Señor es quien te ilumina con una luz intensa, revelando la identidad del enemigo, cómo trabaja y cuál ha sido nuestra situación desde la caída. Comparo la luz del Señor con la luz de un avión al aterrizar. ¿Sabes qué tan brillantes son esas luces? Atraviesan la niebla y la oscuridad y le muestran al piloto exactamente lo que necesita ver. En este capítulo, Dios está iluminando al enemigo con esa luz brillante y resplandeciente, exponiéndolo por lo que es y atravesando la oscuridad para darnos una clara visión.

Para alentar en ti aún más en la esperanza, recuerda esta útil imagen: ¡Las Escrituras son un "video-análisis de juego"!

En la primera parte, hablé de la Biblia como una biblioteca. Las Escrituras también son como una biblioteca de video. Si alguna vez has jugado al fútbol o conoces a alguien que lo haya hecho, sabes que los entrenadores filman los partidos y usan ese video ("video-análisis de juego") para entrenar a sus jugadores. Un entrenador exitoso muestra a su equipo lo que está haciendo su oponente. Los prepara para posibles jugadas y señala dónde es débil el enemigo. Esa es la clave para sobresalir en los deportes: ¡conoce a su oponente extremadamente bien! Conoce sus estrategias y tácticas y estate atento a lo que vendrá después. Cuando conoces la debilidad de tu enemigo, puedes exponer esa debilidad e inmovilizarlo. Tú puedes *ganar*.

Eso es lo que hacen las Escrituras. ¡Las Escrituras son un "video-análisis de juego"! A través de él, Dios nos muestra qué esperar del enemigo, cuáles son sus debilidades y cómo podemos superar sus intentos de conquistarnos.

Las Escrituras no nos dicen simplemente lo que sucedió una vez, hace mucho tiempo, en una era bíblica muy, muy lejana. Las Escrituras nos dicen *lo que siempre sucede*. Porque lo que el diablo les hizo a Adán y Eva, todavía está tratando de hacérnoslo a nosotros hoy. Esa es una realidad aleccionadora. Por ejemplo, en mi vida, Satanás ha estado ejecutando la misma jugada durante más de cincuenta años y, a veces, parece que sigue avanzando nueve yardas, ejecutando la misma jugada una y otra vez. Afortunadamente, finalmente estoy mejorando en el juego, pero primero tenía que reconocer lo que estaba sucediendo. ¡Tenía que aprender del "video-análisis de juego"!

Cuanto más entendemos sobre el enemigo, tantas más jugadas veremos que está ejecutando en nuestra vida. Dios expone esas estrategias y nos equipa para el juego en el que nuestra alma están en juego porque quiere que ganemos.

¡Aquí está el "video-análisis de juego"! Nos vamos a derrumbar: veremos las consecuencias del pecado y la caída, que son diferentes de lo que antes podría haber entendido. Y veremos de cerca al enemigo y expondremos todo sobre él. Miraremos:

- su identidad,
- su razón para rebelarse,
- sus nombres,
- su estrategia de raíz,
- sus tácticas, y
- su objetivo para nuestra vida.

La gracia por la cual orar al leer este capítulo es la desesperación. Mientras profundizamos en la dolorosa verdad de lo que significa ser capturado, te invito a pedir por esta gracia. Sé que esto suena extraño, pero quédate conmigo. Por supuesto, la desesperación no es una virtud, y no te animo a que caigas en la desesperación. Más bien, queremos pedirle a Dios que nos ayude a comprender cuán desesperado sería nuestro caso si él no hubiera hecho algo en su Hijo, Jesús, para rescatarnos de nuestro cautiverio. Pídele a Dios la claridad y la gracia para comprender cuán mala es realmente esta mala nueva. Así que ven, Espíritu Santo, e ilumínanos como solo tú puedes. Ayúdanos a ver por qué todo está tan desordenado, y ayúdanos a entender que nuestra raza ha sido capturada.

Al leer esto, siempre recuerde la confianza y esperanza: Dios *ha* hecho algo. Nosotros sí *tenemos* esperanza y específicamente *por lo que* él ha hecho.

Empecemos.

CAPÍTULO 6

Territorio enemigo

La primera parte del *kerygma*, o "evangelio", era "la bondad de la creación". Resumí eso en la pregunta ¿Por qué hay algo en lugar de nada?, y aún más simple como "Creado".

La segunda parte del kerygma, "el pecado y sus consecuencias" también puede traducirse en *¿por qué está todo tan desordenado?* Y mi resumen de una palabra sobre el pecado y sus consecuencias para la humanidad es este: "Capturado".

Sabiendo que un Dios bueno y amoroso nos creó por puro amor y quiere que seamos felices, alguna vez te has preguntado ¿cómo es que todo salió mal? Sabemos que hay un solo Dios. No vivimos en ese universo de cómics de Marvel que mencioné, alentando al dios bueno para vencer al dios malo. Sabemos que hay un solo Dios y que es bueno, pero si es tan bueno y poderoso, ¿por qué está todo tan obvia y completamente desordenado? ¿Por qué mueren los niños? ¿Por qué hay trata de personas? ¿Por qué hay aborto, abuso y cáncer?

Para decirlo sin rodeos — y lo digo muy en serio — *¿qué diablos pasó?*

Me encontré con una cita no hace mucho de un sacerdote muy prominente. Desafortunadamente, esto es lo que dijo: "Los símbolos son parte de la realidad, y el diablo existe como una realidad simbólica, no como una realidad personal". Con el debido respeto a mi hermano sacerdote, que estoy seguro de que es un hombre santo, él está equivocado. Y mi autoridad para decir eso es Jesús mismo. Jesús no estaba ligado culturalmente a la época en que vivió. Habló a menudo sobre la realidad del enemigo y las formas en que debemos enfrentarlo en el mundo. El diablo no es un mero símbolo. Él es real. Dios quiere que sepamos esto y entendamos la naturaleza y el carácter de esta criatura que está luchando contra nosotros, y tiene los medios perfectos para exponer al diablo y sus tácticas: las Escrituras. Recuerda, ¡las Escrituras son un "video-análisis de juego"!

Identidad: ¿Quién es él?

Dado que hay un Dios que es bueno y amoroso y sin esfuerzo hizo todo con amor, ¿cómo explicamos de dónde viene el mal? El mal proviene de una de las criaturas que Dios hizo: un ángel cuyo nombre era Lucifer, que significa "portador de luz". Lucifer fue creado para ser bueno. Como nos recuerda el *Catecismo de la Iglesia Católica*,

> La Iglesia enseña que primero fue un ángel bueno, creado por Dios. ("El diablo y los otros demonios fueron creados por Dios con una naturaleza buena, pero ellos se hicieron a sí mismos malos")[13]

Dios quiere que entendamos que Satanás no es igual a Dios ni rival en el mismo plano; es simplemente una criatura. Dios creó tanto a los ángeles como a los seres humanos para que tuvieran libre albedrío, pero Dios no creó el mal. Sin embargo, ahora que existe el mal, Dios usa las Escrituras para enseñarnos cómo esa criatura que "al principio era un ángel bueno", se hizo malo, cómo influyó en la caída de la raza humana y cómo podemos frustrarle.

La historia comienza en Génesis:

La serpiente era el más astuto de todos los animales del campo que el Señor Dios había hecho, y dijo a la mujer: «¿Así que Dios les ordenó que no comieran de ningún árbol del jardín?» (3, 1)

Este pasaje enfatiza que el enemigo es solo una criatura, como nosotros. Recuérdalo, Dios quiere mantener al enemigo en su lugar. Esto es un "video-análisis de juego" que nos muestra la naturaleza de nuestro oponente.

¿Has leído alguna vez el libro de C. S. Lewis *Cartas del Diablo a Su Sobrino*? Si no lo has hecho, te recomiendo este libro fenomenal y humilde. Se trata de un demonio "mayor" que da un consejo a un demonio "menor". El tentador mayor explica que hay dos estrategias principales: hacer que los humanos piensen que el diablo no es real o hacer que crean que es más poderoso de lo que realmente es. El diablo es una criatura angelical, lo que significa que es una criatura más poderosa que tú o yo, por eso el Papa San Juan Pablo II nos exhortó a "no tener nada que ver con el dragón". En otras palabras, no coquetees con Satanás ni te metas en lo oculto porque una criatura angelical está más allá de lo que podemos comprender por completo. Por otro lado, sigue siendo simplemente una criatura y su poder es limitado. No es otro dios.

Veamos lo que dice la Escritura sobre su identidad. La historia comienza en Génesis, capítulo 3, la rebelión o caída de Adán y Eva:

> La serpiente era el más astuto de todos los animales del campo que el Señor Dios había hecho, y dijo a la mujer: «¿Así que Dios les ordenó que no comieran de ningún árbol del jardín?» (3, 1)

Una vez más, el punto es simplemente decir que la serpiente, el diablo, es una criatura. Dios lo está manteniendo en su lugar.

Hay muchos textos que podríamos mirar para ayudarnos a comprender la identidad del enemigo, pero veremos brevemente algunos en el Nuevo Testamento y comenzaremos en cómo Jesús lo identifica. Poco antes de entrar en su Pasión, Jesús dijo: "Ahora ha llegado el juicio de este mundo, ahora el Príncipe de este mundo será arrojado fuera" (Juan 12, 31).

Al identificar al enemigo como "el príncipe de este mundo", Jesús no atribuía ingenuamente el mal a un poder sobrenatural que no existe. No era un ignorante que no sabía nada mejor, ni estaba hablando sobre formas anticuadas y supersticiosas de pensar sobre Satanás. Jesús trató con realidades concretas y eternas, y llamó a Satanás "el príncipe de este mundo". Él nos habló, y continúa hablándonos a través de las Escrituras y la Iglesia, acerca de ese tercer actor en el escenario, y haremos bien en escucharlo.

El resto del Nuevo Testamento está repleto de referencias al enemigo. San Pablo lo llamó "el Príncipe que domina en el espacio" (Efesios 2, 2); Pedro nos exhorta a estar siempre alertas, ya que "el demonio, ronda como un león rugiente, buscando a quién devorar" (1 Pedro 5, 8). Y Juan lo dice simplemente: "El mundo entero está bajo el poder del maligno" (1 Juan 5, 19). Algunos eruditos dicen que la cosmovisión bíblica de la Iglesia primitiva —expresada en Pablo, Pedro, Juan, Judas y otros— simplemente toma como un hecho la realidad del diablo y su intento de arruinar la creación de Dios.

La mayoría de la gente no vive con la misma cosmovisión bíblica. Muchos imaginan ingenuamente que nacimos en una especie de territorio neutral, cuando en realidad tú y yo nacimos en una zona de guerra y en una batalla. Y el primer paso para sobrevivir y luego ganar una guerra es saber que estás en guerra.

Así que este "príncipe" se identifica en Génesis como una serpiente. (Recuerda que los primeros capítulos del Génesis son poesía inspirada y, por lo tanto, a menudo hacen uso de imágenes.) Hay muchas razones para usar las imágenes de la serpiente, entre las cuales se destaca que las serpientes parecen lentas, se mezclan y pueden parecer inofensivas si no sabes de lo que son capaces. De hecho, son notablemente rápidas, aparecen de la nada y pueden ser letales. Es una metáfora tan poderosa del pecado: parece inofensivo, pero mata.

En el último capítulo, analizamos brevemente esta pequeña prefiguración:

> Dijo Dios: «Produzca la tierra animales vivientes de cada especie: bestias, sierpes y alimañas terrestres de cada especie.» Y así fue. Hizo Dios las alimañas terrestres de cada especie, y las bestias de cada especie, y toda sierpe del suelo de cada especie: y vio Dios que era bueno. (Génesis 1, 24-25)

El autor de Génesis menciona específicamente "sierpes y alimañas terrestres" en el contexto de la bondad para recordarnos que Dios hizo todo, nada está fuera de su control, y todo ello fue hecho bueno.

Demos un rápido avance a nuestro "video-análisis de juego". Vamos al libro final de la Biblia:

> Fue precipitado el enorme Dragón, la antigua Serpiente, llamada Diablo o Satanás, y el seductor del mundo entero. (Apocalipsis 12, 9)

En el último libro de las Escrituras, Dios nos revela la criatura que fue introducida en el primer libro de las Escrituras. Nos ayuda a comprender que esta criatura vivió una vez en el cielo. Él nos une los puntos, y la imagen terminada muestra que la serpiente era un ángel bueno, creado por Dios y que recibió intelecto, voluntad y razón. Esta criatura, como todos los ángeles, estaba dotada de la capacidad de amar. Fue creado para amar a Dios, adorarlo y estar en comunidad con los otros ángeles. Eso es lo que es y estaba destinado a ser, pero se rebeló.

La Escritura, de principio a fin, nos está equipando para enfrentar a este enemigo y al mismo tiempo nos recuerda que él es solo una criatura, no otro dios. Desafortunadamente, él es una criatura poderosa y causará estragos en tu vida si no estás conectado con Jesús.

¿Cuáles son sus nombres?

En la Escritura, los nombres significan algo. Revelan el carácter o la misión de una persona.

El enemigo, como vimos, originalmente se llamaba Lucifer, o "portador de luz". Ahora, después de su rebelión, tiene dos nombres principales. Estos nombres también revelan su carácter y revelan lo que hace. Su primer nombre es Satanás (el acusador) y su otro nombre es el diablo (el divisor). Hay muchas referencias bíblicas a estos nombres. Apocalipsis 12, 9 lo llama con ambos. Efesios 6, 11 nos dice que "vistamos toda la armadura de Dios, para que podamos resistir las acechanzas del diablo". Y 1 Pedro 5, 8 nos advierte que "sed sobrios, y velad. Vuestro adversario, el diablo, ronda como león rugiente, buscando a quien devorar". Pero recuerda que cuando un león ruge, solo está tratando de asustar a su presa. No dejes que te asuste.

¿Cuál es su razón para rebelarse?

¿Por qué esta criatura, creada por amor y bondad, se rebeló? Esto no siempre se comprende bien. Por lo general, escuchamos que el motivo de rebelión de Satanás fue el orgullo. Es cierto que el orgullo es su *pecado*, pero según las Escrituras, su *motivo* para rebelarse no es el orgullo, sino la envidia:

> Mas por envidia del diablo entró la muerte en el mundo, y la experimentan los que le pertenecen. (Sabiduría 2, 24)

Entonces, ¿por qué decidió dejar atrás las cortes angelicales y hacer lo que está haciendo ahora? La Envidia es el motivo de la rebelión. ¡Esto es inmensamente importante! Cuando esto se asimila, todo cambia.

¿Qué es la envidia?

No es lo mismo que los celos. A veces, los celos pueden ser algo bueno. Los celos pueden ayudarnos o motivarnos. Por ejemplo, si veo a alguien viviendo una vida saludable o una vida santa, puedo decir con razón que estoy celoso de eso, quiero eso y debería aspirar también a la santidad y la salud. Los celos pueden llevarnos a una vida mejor, por lo que no hay necesariamente nada objetivamente malo en ello.

La envidia, por otro lado, es uno de los pecados capitales, un pecado mortal que conduce a otros pecados. Nunca es bueno ni útil. La envidia es la tristeza que sentimos por la buena fortuna de otro. La envidia nos entristece tanto, de hecho, que desearíamos que la otra persona no tuviera la buena fortuna que está experimentando. Es patético, de verdad, cuando la alegría de otra persona nos causa tanta tristeza. La envidia no actúa como un catalizador de la virtud, como pueden hacerlo los celos. Más bien, es una tristeza egocéntrica y egoísta que alimenta el deseo de quitarle la bondad y la alegría al otro.

Solía pensar que nunca envidiaba a nadie. Luego me di cuenta, humillantemente, de que tengo envidia *todo el tiempo*; ¡incluso por cosas como los deportes! De hecho, me alegro cuando los equipos que no soporto pierden el juego, y pierdo el sueño cuando "mis muchachos" no ganan. Me gustaría decir que solía ser así, todavía soy así. ¿Quizás te identificas conmigo?

Eso es envidia. ¿Y de quién tiene envidia el enemigo? De ti y de mí. No de Dios. Esta criatura, a quien Jesús llama "el príncipe de este mundo" (Juan 12, 31), tiene envidia *de nosotros*, lo que significa que nos odia.

¿Por qué nos odia? Un amigo mío, al tratar de ayudarnos a comprender cómo esta criatura poderosa, majestuosa y perfecta podría decidir rebelarse contra Dios por lo que
Dios prometió a los seres humanos, me escribió esto:

> [El diablo] percibió que al cumplir el papel que Dios había planeado para él, de acuerdo con la lógica del amor del cielo, sería llamado a servir [a seres humanos] de mucho menos poder y excelencia que él mismo. Envidiaba el bien que veía llegar a ellos y le molestaba el lugar que el tenía destinado. El ver a estas felices criaturas llenó al diablo y a sus ángeles caídos de ira y envidia, por lo que pensaron en cómo podrían estropear la obra de Dios y destruir el destino de esta raza recién creada. Se dispusieron a esclavizar a aquellos a quienes se suponía que debían servir y a degradar en el lodo humilde bajo sus pies a aquellos a quienes se les había asignado un lugar tan exaltado.

En otras palabras, en la lógica demoníaca, vernos elevados por encima de las filas angelicales era tan aborrecible, para Lucifer y los demás que se rebelaron, que no lo aceptarían. Ellos nunca querrán servirnos. No sería nunca un insulto o una degradación, pero él lo percibe de esa manera. Entonces, en cambio, invierte eso y quiere esclavizar y degradar a los seres a los que estaba destinado a servir. Esa es la estrategia del infierno: esclavizar y degradar.

En el momento en que esto hizo clic para mí, todo cambió sobre cómo entendía al diablo y al pecado. *Destruir. Esclavizar. Degradar*. Llamarlo "el enemigo" tiene, de pronto, mucho más sentido.

Entonces, la envidia fue lo que impulsó al enemigo a rebelarse, e invitó a otros ángeles a unirse a él. Apocalipsis dice:

Su cola arrastraba una tercera parte de las estrellas del cielo, y las precipitó sobre la tierra. El Dragón se puso delante de la Mujer que iba a dar a luz, para devorar a su hijo en cuanto naciera. (12, 4)

¡Ay de ustedes, tierra y mar, porque el Diablo ha descendido hasta ustedes con todo su furor, sabiendo que le queda poco tiempo! (12, 12)

En su estilo de poesía inspirada, la Escritura nos dice que un tercio de los ángeles se rebeló y fue a la guerra, no contra Dios, sino contra nosotros. Satanás y otros ángeles rebeldes son nuestros enemigos y constituyen una fuerza maligna más allá de lo que podemos comprender.

El motivo es la envidia. ¿La pelea? Es en contra de *nosotros*.

CAPÍTULO 7

La estrategia y las tácticas fundamentales del enemigo

Hemos identificado al enemigo, cómo se llama y por qué se rebeló. Ahora echemos un vistazo a su estrategia y tácticas. Satanás tiene una estrategia fundamental y una jugada que continuamente repite en nuestras vidas. Trata de convencernos de que Dios no es un buen Padre, sino nuestro adversario. Satanás nos dice, una y otra vez, que no podemos confiar en Dios, que él no se preocupa por nosotros y que seríamos más felices sin él.

Esta fue la mentira que les dijo a nuestros primeros padres, Adán y Eva:

> Dijo a la mujer: «¿Así que Dios les ordenó que no comieran de ningún árbol del jardín?». La mujer le respondió: «Podemos comer los frutos de todos los árboles del jardín. Pero respecto del árbol que está en medio del jardín, Dios nos ha dicho: «No coman de él

ni lo toquen, porque de lo contrario quedarán sujetos a la muerte».
(Génesis 3, 1-3)

El enemigo hace que esto parezca una conversación inofensiva. La serpiente dice casualmente, «Así que Dios les ordenó que no comieran de ningún árbol del jardín...» Está tratando de enta-blar una conversación con Eva, pero tiene un motivo oculto. ¿Por qué lo aborda de esta manera?

Imagínate a dos personas en una amistad, y luego imagínate que tengo la malévola intención de separarlos. Llámalos Greg y Rachel. Están hablando en el área de descanso en el trabajo un día, entro yo y Rachel se va. Y a pesar de que no formé parte de su conver-sación, casualmente digo: "Oye, Greg, ¿Rachel te mencionó algo extraño? No estoy seguro de que sea digna de confianza. 'Nomás digo'." Si Greg realmente confía en Rachel, diría: "Eso es ridículo. Conozco a Rachel y es completamente confiable ". Pero mi motivo oculto es tomar a Greg por sorpresa y plantar sospechas. Quiero que él diga: "¿Qué te hace decir eso? Dime más." Es como tirar un anzuelo. Y eso es lo que hizo el enemigo. Esperaba que la mujer mordiera. Quería que los oídos de Eva se animaran y participaran en la conversación. Trágicamente, lo hizo.

Ella le dice a la serpiente que Dios les había dicho que podían comer de todos los árboles excepto de un árbol, e incluso agrega algo que Dios en realidad no dijo. Ella le dice a la serpiente que Dios dijo que ni siquiera deberían tocar el árbol.

La serpiente dijo a la mujer: «No, no morirán. Dios sabe muy bien que cuando ustedes coman de ese árbol, se les abrirán los ojos y serán como dioses, conocedores del bien y del mal» (Génesis 3, 4-5)

Ese es el corazón de la estrategia de Satanás: convencernos de que Dios no es un buen Padre, que no podemos confiar en él y que podemos ser felices sin él.

El Papa San Juan Pablo II, en una carta sobre el Espíritu Santo, escribió:

> Dios Creador es puesto en estado de sospecha, más aún incluso en estado de acusación ante la conciencia de la criatura ... [el enemigo] trata de «falsear» *el Bien mismo* ... Pues, a pesar de todo el testimonio de la creación ... el espíritu de las tinieblas es capaz de mostrar a *Dios como enemigo* ... El hombre es retado a convertirse en el adversario de Dios.[14]

El Papa San Juan Pablo II nos recuerda que, en el Edén, nuestros primeros padres, Adán y Eva, conocieron la perfección. No hubo enfermedad, dolor ni muerte. Sin la pérdida de un amigo, familiar u objetivización. Simplemente perfección. Y, sin embargo, esta criatura, Satanás, pudo poner en sospecha a Dios y hacer que nuestros primeros padres dudaran de que él es bueno.

Cuando Dios les dijo a Adán y Eva que no comieran del árbol del conocimiento del bien y del mal, estaba actuando como un buen Padre. ¿Qué pasa cuando comes algo? Lo tomas, lo digieres, te lo apropia y lo haces tuyo. Es tuyo. En el estilo poético e inspirado del Génesis, Dios nos dice que "comer" algo es tener dominio sobre ello. Y si las criaturas de Dios comen del árbol del conocimiento del bien y del mal, significa que se están apropiando del derecho de determinar qué es bueno y qué es malo. No podemos hacer eso. Solo Dios puede hacer eso.

Esencialmente, al proteger a Adán y Eva del árbol del conocimiento del bien y del mal, Dios estaba diciendo: "Tienes que confiar en mí en esta relación. Si ya no confías en mí, te alejas de la vida, porque *yo soy* la vida, y el resultado es que morirás". Dios no quería que murieran. No es que se haya enojado mucho y haya exclamado: "¡Ahora los voy a aniquilar por lo que han hecho!" Más bien, la consecuencia necesaria de "hacerse ustedes mismos Dios" es que eligen separarse de él. Es como una madre que le dice a su hijo: "No pongas la mano sobre esa estufa caliente. Sé que es roja, bonita y tentadora, pero si lo tocas, te quemarás". Si el niño elige tocar la estufa de todos modos, la quemadura resultante no se debe a que la madre se enojó y lo quemó ella misma; sino que tocar una estufa caliente tiene una consecuencia.

Nuestros primeros padres experimentaron las consecuencias de sus acciones porque Satanás hizo que dudaran de la confiabilidad de Dios. Cuestionaron a Dios: "Creo que nos está ocultando. Nos está reprimiendo. Podríamos ser más felices sin él". Dios fue puesto bajo sospecha, y Satanás lo acusó de ser un mal Padre y nuestro adversario.

Satanás es capaz de convencernos de que Dios es un enemigo. No subestimes esto porque si pudo hacerlo con Adán y Eva, también nos puede manipular a nosotros. Con todas nuestras oraciones sin respuesta y las dificultades que hemos soportado, desastres naturales, enfermedades pandémicas y la pérdida de seres queridos, la voz de Satanás resuena en nuestros oídos: "¿Crees que es un *buen* Dios? Debes estar bromeando. ¿Dónde está este 'buen' Dios? No está en ninguna parte. Está en silencio. Es impotente. *Él no está ahí*. Acaba con él y finalmente serás feliz".

¿Por qué hace eso? Porque nos odia y quiere degradarnos y esclavizarnos a como dé lugar. Así que lanza a Dios bajo sospecha y lo acusa de falta de amor. Es mentira. Pero con demasiada frecuencia, caemos en la mentira, buscando la felicidad fuera de Dios.

El fundamento de la mentira de Satanás, de que Dios no es nuestro Padre amoroso y que podemos ser felices sin él, echó raíces en Adán y Eva. El tercer capítulo del Génesis presenta el video-análisis de juego de Satanás de forma sucinta y clara. Repítelo, rebobínalo, mira el video-análisis de juego de nuevo y aprende de él.

Recuerda, la Escritura no nos dice simplemente lo que sucedió una vez, hace mucho tiempo, en una era bíblica muy, muy lejana. La Escritura nos dice lo que siempre sucede. Satanás nos sigue diciendo las mismas mentiras de siempre a ti y a mí.

¿Cuáles son sus tácticas?

¿Cómo emplea el enemigo su estrategia fundamental y difunde la raíz de su mentira? Utiliza muchas tácticas, pero resaltemos estas:

- acusa,
- miente,
- divide,
- adula,
- tienta, y
- desanima.

Permíteme que te abra todas esas cosas compartiendo algo de mi vida. Cuando era niño, fui abusado sexualmente durante años. Vengo de una familia fenomenal; mis padres, que estuvieron casados durante sesenta y seis años, fueron mis héroes. Pero nadie sabía del abuso: ni mis padres ni mis hermanas. No puedo empezar a describir la herida que dejó el abuso en mi vida. Tengo cincuenta y cuatro años al escribir estas líneas y el hombre adulto en mí entiende ciertas cosas, pero el niño pequeño que fue abusado no puede entender cómo sucedieron esas cosas. Muchos de los que leen esto conocen esta experiencia. Todos tenemos un trauma, el trauma no es exclusivo de nadie, pero algunos de ustedes conocen *esta* experiencia en particular. Una de las razones por las que hablo abiertamente sobre ello es para que tú también hables de ello. Ve a ver al Señor, habla con él sobre esto, pídele que te ayude y busca ayuda profesional también.

Permítanme explicarles cómo el enemigo usó este abuso en mi vida. Principalmente, acusó. Acusó a Dios, me acusó a mí y acusó a los más cercanos a mí.

Primero, acusó a Dios: "¿Por qué no detuvo esto? Cuando oraste para que te ayudara, ¿por qué no te ayudó? No es bueno. O tal vez es débil. O simplemente no le importas. *Tal vez ni siquiera esté allí*. Tal vez *ni siquiera esté allí*".

Luego me acusó. El juego del enemigo es siempre acusar a la víctima: "Esto fue tu culpa. Tu hiciste esto. Tú provocaste esto". Todos sabemos que un niño no "provoca eso" y *nunca* es responsable del abuso, pero cuando el enemigo susurra esas acusaciones al oído de un niño, el niño no sabe la verdad. Un niño herido cree en ese mensaje retorcido.

Finalmente, en mi mente, acusó a mis padres: "No te quieren. Nunca hicieron nada para detener esto, ¿y tus hermanos? A ellos tampoco les importas".

Me senté con mis hermanas hace varios años para finalmente compartir lo que me había pasado. Nunca lo supieron hasta que se los dije. Les dije: "Sé que me aman. El hombre de cincuenta y cuatro años sabe que lo aman, pero el niño de seis que hay en mí piensa que no se preocupaban en absoluto por él, y ahora tengo que luchar contra ese sentimiento cada vez que las veo porque la voz del enemigo es tan fuerte".

Cuando termina de acusar, el enemigo miente. Las mentiras son algo así: "No importas. Eres inútil y desechable. Nadie se preocupa por ti. Si supieran la verdad sobre ti, huirían de ti. Nunca serás amado".

Entonces, el enemigo divide. Cuando sientes esas mentiras con tanta fuerza, se obstaculiza la capacidad para entablar relaciones porque estás tan acostumbrado a la mentira que "a nadie le importas realmente". Cree que todo lo que alguien quiere es usarte y él repite esa mentira una y otra vez. De modo que no se puede entablar una nueva amistad por miedo a que esta amistad también termine cuando él o ella descubra la "verdad" sobre ti, que es que tú eres descartable y desechable. Este ciclo le mantiene solo, lo que le mantiene esclavizado. Porque sin amor, la vida no tiene sentido.

A continuación, el enemigo adula. La adulación no honra a otro ser humano. La adulación es simplemente decirle algo a alguien para sacar algo de esa persona. Un mentor mío dijo una vez que la mayoría de las personas, a pesar de sus fachadas, no creen que tengan mucho de bueno en ellas (y eso a menudo se debe a cosas que les sucedieron cuando eran jóvenes). Nuestra tarea como seres humanos es encontrar el bien en los demás, mostrárselo, como un espejo, y afirmar: "Tú tienes el bien en ti y yo lo veo, y solo quiero decirte eso". Eso es honrar a otro ser humano. La adulación, por otro lado, es usar a alguien para conseguir algo. El enemigo adula diciendo cosas como "Sabes, te han pasado todas estas cosas malas y has soportado una tremenda cantidad de dolor; así que tienes derecho a..." Luego rellenamos el espacio en blanco de lo que creemos que tenemos derecho a recibir.

El enemigo tienta. Ese es bastante obvio. Todos entendemos la tentación. Y finalmente, desanima. Esa es la base de todo esto. El juego del diablo es meternos en un agujero. Realmente no le importa cómo; solo quiere meternos en un agujero donde pueda burlarse, burlarse y humillarnos.

Emplea estas tácticas con todos nosotros incesantemente. Y, por cierto, como es un ángel, lo que significa que es un intelecto puro, ¡no duerme! Pero aquí es cuando nos recordamos a nosotros mismos que es solo una *criatura*. No es otro dios. Dios no quiere que nos hundamos en el miedo. Recuerda, es Dios quien nos está exponiendo a este conocimiento. Está iluminando con esa brillante luz de aterrizaje las tácticas del diablo para que podamos ir al ataque.

Ahora que conocemos la estrategia y las tácticas fundamentales de Satanás, examinemos su objetivo final.

CAPÍTULO 8

¿La meta de Satanás para tu vida? Destrucción

El objetivo de Satán es simple. Quiere robar, matar y destruir. Y es personal. Tiene todo el video-análisis del juego sobre mi vida, tu vida y miles de años de historia humana. Él sabe lo que funciona; razón por la cual, en última instancia, no es terriblemente creativo u original.

Las consecuencias del pecado: la esclavitud

¿Cuáles son las consecuencias de la caída? A menudo, cuando la gente enseña el kerygma, dicen que la consecuencia del pecado es que tú y yo fuimos separados de Dios. Cuando yo tenía diecisiete años, si me hubieras dicho: "John, las consecuencias del pecado son que estás separado de Dios", habría respondido con un bostezo y luego un rotundo: "¡Qué gran cosa!" soy mi propio dueño. ¿A quién le importa si estoy separado de Dios?" Pero la clave no es simplemente que estemos *separados* de Dios. Estamos o en manos de Dios o en manos de este otro ser. No hay término medio. Esta es la visión bíblica de la realidad. No podemos simplemente pasar el rato en un patio de recreo nebuloso, planeando elegir más tarde.

La forma más poderosa en la que he experimentado esto fue cuando estaba haciendo los Ejercicios Espirituales de San Ignacio. San Ignacio, fundador de los Jesuitas, enseñó a las personas la metodología que Dios le enseñó y que lo llevó a su encuentro con Dios. Por lo general, se realiza en un retiro de treinta días en el que se pasan horas todos los días orando y meditando sobre diferentes escenas de la vida de Jesús. Es muy rico, pero a veces extremadamente difícil, como fue el día en que medité sobre el infierno.

San Ignacio nos enseñó que podemos usar nuestra imaginación para orar y "entrar en la escena" lo mejor que podamos. Para ser claros, el motivo de esta meditación en particular sobre el infierno no es atormentarnos, sino cultivar la gratitud por todo lo que Dios ha hecho. Entonces le pedí al Espíritu Santo que me llevara al momento de mi juicio.

En mi imaginación, el Señor me lleva a un auditorio, donde veo a Jesús. Se acabó el tiempo; ha regresado con majestad y gloria, y todos pueden ver que él realmente es Dios. Todo el mundo está en fila esperando ser juzgado, y yo estoy al final de la fila. Individualmente, la gente se acerca a Jesús. Uno a uno, Jesús los mira, su rostro estalla en una sonrisa y dice: "Oh, bien hecho, mi buen y fiel siervo. Espera, espera, hasta que veas lo que mi Padre ha preparado para ti". Cada uno de ellos escucha lo mismo. "Bien hecho, mi buen y fiel servidor". Y esto sigue una y otra vez. Soy el último en la fila y me acerco a Jesús, pero ahora... Jesús tiene la cabeza hacia abajo. Y cuando lo alcanzo, la sonrisa se ha evaporado. Me mira con tremenda tristeza. Y el me dice "Aléjate de mí, maldito, ve al fuego eterno que fue preparado para el demonio y sus ángeles" (Mateo 25, 41).

Luego lo veo alejarse de mí, hacia una puerta. Escucho que se abre la puerta y Jesús sale. La puerta se cierra detrás de él. Escucho el clic del pestillo. Él se ha ido, y yo estoy parado allí solo en el escenario. Empiezo a entrar en pánico. No hay oportunidad de decir lo siento, no hay oportunidad de correr a la confesión, no hay tiempo para arrepentirse. El tiempo ha terminado. Y me doy cuenta de que estoy absoluta y completamente solo para siempre.

Luego, mientras estoy parado allí, escucho a alguien reír en la parte trasera del auditorio. Y me doy cuenta de que no estoy solo. Esta cosa se acerca cada vez más a mí y finalmente se para frente a mí. Y esta criatura me dice, "eres un *tonto*", mientras se ríe. "Dios te ofreció vida en abundancia, y caíste en mi mentira. Oh, espera hasta que veas lo que he preparado para ti".

Cuando muramos —no "si", sino "cuándo"— vamos a escuchar una de esas dos cosas. Oiremos, "Bien hecho, buen siervo y fiel" o "Apártate de mí".

Es mejor vivir la vida al revés. Déjame explicártelo. Me ha resultado útil aplicar una lección del golf a la vida. La mayoría de la gente juga al golf así: se paran en el lugar de salida y hacen el swing lo más fuerte que pueden. Luego se dirigen por el campo tratando de encontrar la pelota. Cuando la encuentran, vuelven a golpear (¡una y otra vez!). Finalmente, colocan la bola en el *green* y en el hoyo, y luego se dirigen a hacerlo todo de nuevo. Los grandes golfistas no juegan así. Los grandes golfistas se paran en el tee y se preguntan: "¿Dónde necesito estar en el *green* para hacer el *putt*?" y luego dicen: "¿Dónde tengo que estar en el campo para pegar el tiro al *green* y hacer el *putt*?" Solamente entonces consideran su golpe de salida. Así es como vivimos la vida mejor, al revés. Comenzamos a vivir bien haciendo la pregunta "Cuando muera, ¿qué quisiera escuchar?"

Eso es una obviedad, ¿verdad? Quiero escuchar "Bien hecho, siervo bueno y fiel". Si eso es lo que quiero escuchar, ¿cómo vivo mi vida para escuchar eso cuando muera y esté frente a Dios?

La realidad de las consecuencias del pecado de nuestros primeros padres es que sin saberlo nos vendieron como esclavos a poderes con los que no podemos competir. ¿Cuáles son estos poderes? La Muerte y el Pecado. (Uso deliberadamente las palabras con mayúscula aquí para enfatizar su enorme reclamo sobre nosotros). La Muerte no es solo algo que nos sucede, y el Pecado no es solo las cosas que hacemos. En la visión bíblica de la realidad, la Muerte y el Pecado son poderes. La Escritura habla de ellos como si fueran gobiernos o autoridades. Tienen dominios y gobiernan.[15]

Es fácil demostrar que la muerte nos domina. Enterré a mi mamá, mi papá y mi hermano en el lapso de dos años y medio. Recuerdo estar de pie junto a la cama de mi madre, mirándola respirar por última vez. Mi padre nos había dejado mucho dinero, pero eso no importaba. No pude evitar que sucediera la muerte. Tuvimos una excelente atención médica. Eso tampoco importaba. No se pudo detener a la muerte. Si te has parado al lado de la cama de un ser querido, viéndolo dar su último suspiro, sabes que no hay nada que te haga sentir más impotente que saber que no puedes evitar que su muerte ocurra. ¿Por qué? Porque la muerte es un poder. Es un reino.

Y la muerte está aquí por el pecado. Así es como lo expresó Fleming Rutledge:

¿Has enterrado a alguien alguna vez? Si no lo has hecho, lo harás. Llegarás a conocer el frío abrazo de la muerte. Te parecerá como la tumba de la esperanza.[16]

La muerte se cierne constantemente sobre nosotros y nuestros seres queridos. Todas las personas que amo se van a despedir de mí, o yo les voy a decir adiós, y eso duele. Como dijo el dramaturgo Samuel Beckett: "Dan a luz a horcajadas sobre una tumba, la luz brilla un instante, luego es de noche una vez más".[17] Y como dijo William Stringfellow: "La muerte es tan grande, tan agresiva, tan penetrante y militante poder que la única forma adecuada de hablar de la muerte es similar a la forma en que se habla de Dios. La muerte es el poder viviente y la presencia en este mundo que finge ser Dios".[18]

En su Carta a los Romanos, San Pablo nos recuerda que después de la caída de nuestros primeros padres, "reinó la muerte" (Romanos 5, 14). La palabra griega aquí para "reinó" es "poder absoluto" o "autoridad real". Sabemos que esto es un hecho. No podemos escapar de la muerte.

El pecado también reina. Pablo escribe nuevamente, en Romanos 3, 10, que "todos están sometidos" —al poder, la autoridad—"al pecado, tanto los judíos como los que no lo son". Cuando habla de pecado así, es con P mayúscula. Cuando pensamos en el pecado, tendemos a pensar en acciones: algo que hice o no hice, algo que dije o no dije. Pero antes que las acciones pecaminosas, el pecado es un poder. Ejerce autoridad en la raza humana. Nuevamente, es fácil demostrarlo. Simplemente hazte estas preguntas: "¿Alguna vez has hecho algo que sabías que no debías hacer, que no querías hacer o que realmente odiabas hacer, pero lo hiciste de todos modos? ¿Alguna vez te preguntaste por qué?" Porque el pecado es un poder.

Pablo, de nuevo en Romanos, escribe:

> Porque el que está muerto, no debe nada al pecado. Pero si hemos muerto con Cristo, creemos que también viviremos con él. Sabemos que Cristo, después de resucitar, no muere más, porque la muerte ya no tiene poder sobre él. (Romanos 6, 7-9)

La Escritura habla de la muerte y el pecado como poderes. Si Jesús no hubiera hecho lo que hizo a través de su muerte y resurrección, todavía estaríamos sujetos a los poderes del pecado y la muerte. Ya ves, que en un Bautizo todos pensamos, "Oh, qué niño tan lindo, tan inocente, tan dulce". De hecho, en la realidad de nuestra cosmovisión bíblica, no lo es. En realidad, es un hijo de la oscuridad. Lo que quiero decir con eso es que él o ella nació bajo el dominio —el poder, la autoridad— del infierno. Eso significa que no hay escapatoria de la muerte o la esclavitud al pecado para este niño por su cuenta. Por ello, es que le pedimos a Dios que nos ayude a comprender cuán desesperados estaríamos si él no hubiera hecho nada. Dios ha hecho algo (¡gracias a Dios!), pero una de las razones por las que no pensamos en el evangelio como una extraordinaria nueva es porque no sabemos que las malas nuevas no solo son malas, sino que son nuestra peor pesadilla. Queremos comprender eso, de modo que cuando examinemos lo que Jesús ha hecho por nosotros, tengamos una comprensión clara de cómo estaríamos completamente desesperados sin él.

Aquí está San Pablo en Romanos 7, 15. 19-20:

Y ni siquiera entiendo lo que hago, porque no hago lo que quiero sino lo que aborrezco.

Y así, no hago el bien que quiero, sino el mal que no quiero. Pero cuando hago lo que no quiero, no soy yo quien lo hace, sino el pecado que reside en mí.

Esto no es solo Pablo hablando de sí mismo. Él está hablando de todos los seres humanos separados del poder del Espíritu Santo que obra en sus vidas. Scott Hahn, en su *Comentario sobre la carta a los romanos*, escribe:

La metáfora dominante de esta sección es la esclavitud y la libertad. Pablo pinta una imagen en blanco o negro de la situación humana: o se vive al servicio del pecado y permanece una atadura espiritual, o se vive en obediencia a Dios y se disfruta de la liberación del cautiverio del pecado. Es una o la otra: nada de indecisión, ni tercera opción.[19]

Toma nota de que esto es lo opuesto a cómo el mundo tiende a pensar sobre el evangelio y la vida cristiana, llenos de restricciones y limitaciones. De hecho, la vida cristiana otorga libertad. Es evitar la vida cristiana lo que nos mantiene atados a la esclavitud.

Así es como lo expresó Fleming Rutledge:

Nadie es capaz de ser capitán de su propia alma, dueño de su propio destino. Cada uno de nosotros trabaja por impulsos inconscientes de los que ni siquiera es consciente y sobre los que tiene poco control. Pablo, a diferencia del estadounidense típico, no piensa en términos de seres humanos autónomos. *Nadie es* "libre" en el dominio de este mundo como tal. O debemos vivir nuestras vidas en las garras de los Poderes que destruyen el alma o somos entregados a "la obediencia de la fe".[20]

La clara implicación aquí es que no hay forma de que el ser humano se mueva del dominio del pecado al dominio de la justicia de Dios a menos que haya una invasión del reino del pecado desde el exterior. El dominio del pecado conduce a la muerte; tanto su objetivo como su propósito es la muerte. No hay forma de salir de esta espiral descendente de disolución.

Es por eso, que Dios nos dice en las Escrituras que tenemos dos opciones: la vida y la muerte. La obediencia, simplemente el escuchar a nuestro buen Padre, conduce a la vida. La desobediencia, escuchar al enemigo, conduce a la muerte.

No hay forma, por nuestra cuenta, de que los seres humanos pasen del dominio del pecado al dominio de la justicia de Dios. Requiere una invasión del reino del pecado desde el exterior. ¿Por qué es eso tan importante? Porque no basta con arrepentirse. Necesitamos que Alguien nos rescate de la esclavitud en la que se encuentra la raza humana con respecto al pecado y la muerte. El dominio del pecado conduce a la muerte. Ese es su objetivo y propósito.

> Por la envidia del diablo la muerte entró en el mundo, y los que pertenecen a su partido lo experimentan. (Sabiduría 2, 24)

¿Quién está en su poder? La raza humana, a menos que estemos en manos de Dios.

Permítanme compartir con ustedes la imagen más poderosa que pueda imaginar, especialmente para las mujeres (pero esto también funciona para los hombres) sobre cómo orar por esto.

Podría decirse que, además del aborto, el flagelo más terrible en nuestro planeta en este momento es la trata de personas. Hay más esclavos en este momento de los que ha habido en la historia del mundo, tanto esclavos económicos como sexuales. La forma más poderosa de comprender nuestra esclavitud espiritual al pecado y la muerte es imaginar lo que sería ser secuestrado y esclavizado. Te reto, a que, en algún momento, le pidas al Espíritu Santo su ayuda para meditar sobre esto. ¡Sabe! que este ejercicio no tiene la intención de arrastrarte a las tinieblas. Siempre ten en cuenta que Dios ha actuado con respecto a nuestra situación. Él es nuestra esperanza. Cuando estés listo para meditar sobre esto, pídele al Espíritu Santo que te ayude a imaginar y comprender cómo sería haber sido capturado, escondido y esclavizado por un traficante. Imagina que nadie sabe dónde estás y que nadie viene por ti. Estás en manos de alguien que vive para usarte, dañarte y degradarte. No hay manera de salir. Esto será tu vida ahora. Para siempre.

Esa es la situación de nuestra raza separada de Dios.

Escapando de la prisión

Es sólo porque Alguien *ha* hecho algo con respecto a nuestra situación que el evangelio es una tan extraordinaria nueva. Cuando uno reza con este tipo de imágenes (y para los hombres, a veces sugiero que trate de imaginar el cautiverio en un campo de concentración o una prisión), puede sentir la desesperación de ser capturado. Tal meditación te lleva a un lugar que está completamente más allá de toda esperanza. Te lleva a la *gracia* de la desesperación: comprender la desesperanza de nuestra situación sin Dios.

Pero anímense, amigos míos. Dios no quiere que nos desesperemos. Ha hecho algo por nosotros. Se acerca una misión de rescate, y Jesús irrumpirá en ese lugar de cautiverio y traerá esperanza. Este capítulo trata sobre Dios exponiendo al enemigo y haciendo brillar una luz brillante y purificadora sobre las acciones del enemigo, así como personalmente en tu vida. Pídele al Espíritu Santo que te ayude a nombrar las respuestas a las siguientes preguntas:

- ¿Dónde me acusa el enemigo ahora mismo?
- ¿Qué mentira me está paralizando en este momento?
- ¿Dónde está causando división en mi vida?
- ¿Dónde está halagando mi ego?
- ¿Qué tentación es más fuerte en mi vida?
- ¿Dónde estoy más desanimado en este momento?

Te animo a no solo pensar en las respuestas a estas preguntas, sino también a escribirlas. Cuando las escribes, las *capturas* y luego puedes moverte en contra de ellas. Si le pedimos a Dios que nos revele estas cosas, lo hará. ¿Por qué? Porque es un buen Padre y su deseo es que sus hijos vivan en un buen lugar. Él no quiere que permanezcamos en cautiverio, y él sabe exactamente qué hay que hacer.

Resumen de la Parte II: Capturado

- La Escritura es un "video-análisis de juego", nos equipa y nos dice tanto "lo que sucedió" como "lo que siempre sucederá".
- Dios es todo bueno, pero una de las criaturas que hizo eligió rebelarse contra Dios y contra nosotros. Esa criatura es el enemigo, Satanás.
- Satanás, o el diablo, no es un rival igual a Dios. Es simplemente una criatura.
- El motivo del enemigo para la rebelión fue la envidia en contra de la raza humana. Nos odia y nos ha declarado la guerra.
- Su estrategia: convencernos de que Dios no es nuestro Padre amoroso y que podemos ser felices sin Dios.
- Sus tácticas: acusar, mentir, dividir, adular, tentar y desanimar.
- Su objetivo: destruir nuestras vidas.
- Debido a la libre elección de Adán y Eva de creer las mentiras de Satanás (la caída), estamos atados por los poderes de la muerte y el pecado.
- La gracia de la desesperación nos ayuda a ver cuán grave es nuestra situación: que literalmente hemos sido capturados y necesitamos ser rescatados.

Preguntas para la discusión

1. ¿Creo que realmente hay un enemigo que tiene un plan para arruinar mi vida?
2. ¿Cómo veo a Satanás de manera diferente después de leer este capítulo? ¿Cómo veo la caída de manera diferente?
3. ¿Qué mentiras y acusaciones me ha dicho el enemigo en mi vida?
4. Pídele a Jesús que exponga las mentiras, acusaciones y divisiones que el enemigo ha usado o está usando para causar estragos en tu vida. Considera capturar esas mentiras y acusaciones por escrito. Pídele a Dios la gracia de escuchar su amorosa voz, no los odiosos susurros del enemigo.

PARTE III

Rescatado

Al leer la Parte III, "Rescatado," pide la gracia de una confianza inquebrantable en Jesús como Señor del cielo y del a tierra

CAPÍTULO 9

Confianza inquebrantable

*Dios os bendiga y dé su paz,
no hay que tener temor:
del cielo al mundo descendió
Jesús el Salvador;
fue solo porque quiso él salvar al
pecador. ¡Oh nuevas de gozo y solaz!*
—Villancico inglés tradicional

Terminamos el capítulo pasado pidiéndole ayuda al Espíritu Santo para comprender la absoluta desesperación de haber sido esclavizados por un traficante de personas. Pidamos al Espíritu Santo que continúe su obra en nuestras mentes y corazones para que podamos comprender mejor quién es Jesús y lo que ha hecho para liberarnos.

Imagínate estar en esa habitación: atado, indefenso, aterrorizado. Quieres dormir, pero dormir es peligroso porque te hace aún más vulnerable. Entonces no hay descanso. De repente, sientes que te tocan el hombro. Te sobresaltas porque, en este momento, tocar significa hacerte daño. Pero cuando abres los ojos, ves el rostro de un hombre que instantáneamente te tranquiliza. ¿Cómo entró en esta habitación? Su rostro es cálido y gentil, pero hay algo aún más que mera gentileza en él. Exuda absoluta fuerza y confianza. Solo verlo te da una sensación de seguridad y la creencia de que esta pesadilla puede terminar.

El hombre te ayuda a ponerte de pie, te desata las manos y con ternura te quita el polvo y los escombros de los hombros. Él te mira, te calma y te llena de una esperanza indescriptible. Te lleva hacia la puerta cerrada, fuera de la cual acecha su captor. Las emociones en conflicto luchan por dentro: le temes al hombre que está afuera, pero te regocija la perspectiva de escapar de este lugar infernal. Cuando el hombre comienza a girar la perilla de la puerta, te das cuenta de cuánto temes, y no quieres presenciar la confrontación entre este hombre gentil y el demonio de afuera.

Pero al salir de la habitación, queda claro que el enfrentamiento ya ha tenido lugar. El traficante está en el suelo, atado de pies y manos, con la boca cubierta con cinta adhesiva. No puede tocarte. Al dar un paso alrededor del que te aterrorizó, el hombre que ató a su torturador se vuelve hacia ti y, con una sonrisa tan radiante que apenas la puedes soportar, te dice: "Ahora no puede hacerte daño. Lo he vencido. Te busqué y te rescaté de sus garras. No tengas más miedo".

Esta es la mejor manera que conozco de entrar en este capítulo, que centra nuestra atención en la extraordinaria respuesta de Dios a la situación de nuestra raza. ¿Qué ha hecho con la desesperada situación en la que estábamos? Dios nos ha rescatado. No mandó a un ángel, ni nos enseñó un nuevo método o inició un nuevo programa. Dios *mismo* nos ha rescatado, y de la manera más espectacular.

El siguiente pasaje de Isaías puede ayudarnos a adentrarnos mejor en esta increíble historia del rescate de nuestra raza por parte de Dios:

> "¿Se le puede quitar el botín a un guerrero?
> ¿Se le escapa el cautivo al vencedor?
> Ahora bien, así habla el Señor:
> Sí, al guerrero se le quitará el cautivo y
> al violento se le escapará el botín;
> yo mismo litigaré con tus litigantes
> y yo mismo salvaré a tus hijos.
> Así sabrán todos los hombres que yo,
> el Señor, soy tu salvador y que
> tu redentor es el Fuerte de Jacob"
> (Isaías 49, 24-25. 26)

"¿Se le puede quitar el botín a un guerrero?" Dios responde con un sí rotundo y dice que él mismo se enfrentará a los que contienden con nosotros. Esta es una promesa.

Él hace esto porque es el "Señor tu Salvador y tu Redentor". Detengámonos un momento para comprender la palabra "redentor". La palabra hebrea para "redentor" es *goel*. En el antiguo Israel, *goel* se refería al miembro masculino de la familia que tenía la obligación de actuar en nombre de sus parientes si sucedían ciertas cosas. Por ejemplo, si un miembro de la familia fuese vendido o se vendiera a sí mismo como esclavo, el *goel* tenía la obligación de volver a comprar a la persona del cautiverio. O si un pariente era asesinado, la obligación del *goel* era vengar esa muerte. Con esto en mente, note lo que Dios dice en Isaías. El Dios que hizo un universo que tiene cuarenta y seis mil millones de años luz de diámetro nos considera a ti y a mí como su *familia*. Jesús lucha contra el poder de la muerte y lo destruye, vengándonos y liberándonos de la tiranía del pecado.

Antes de seguir explorando, permíteme ofrecerte una imagen más útil. El gran iconógrafo ruso Andrei Rublev creó un icono, *La Trinidad*, que representa a tres figuras sentadas alrededor de una mesa. Son los tres mensajeros celestiales enviados a Abraham en Génesis 18. Los visitantes le dicen a él y a su esposa Sara que van a tener un hijo, Isaac, que será el heredero del pacto que Dios ha hecho con Abraham. (Cuando tengas un momento, intenta encontrar la imagen en línea para poder orar con ella.)

Una vez encontré una interpretación de este ícono como una representación de una conversación que tiene lugar dentro de la Trinidad después de la rebelión de Adán en el jardín. La figura de la izquierda es el Padre, el del medio es el Hijo y el de la derecha es el Espíritu Santo. El Padre, dice la interpretación, mira a las otras Personas de la Trinidad y plantea estas preguntas: "¿Quién irá a buscarlo? ¿Quién lo traerá de regreso? ¿Quién lo traerá a casa?" El Hijo tiene la cabeza vuelta hacia el Padre para decir: "Lo haré, iré a buscarlo. Lo llevaré a casacasa". Y el Espíritu tiene la cabeza inclinada, porque él sabe lo que le costará al Hijo hacer esto: su vida.

Los invito a entrar en esa escena en oración y entender que el "él" o "ella" del que habla la Trinidad eres *tú*. Dios no permitirá que sus hijos permanezcan en manos del enemigo. Como dijo un autor, tú eres mucho más importante de lo que jamás te has atrevido imaginar. A medida que profundizamos en este tema, deseo elevar a Jesús de una manera que quizás sea nueva para muchos de ustedes, especialmente los hombres. Mi experiencia como sacerdote es que mucha gente piensa en Jesús como bondadoso, gentil, compasivo, manso, apacible, misericordioso y amoroso. Él es todo esto y más, sin duda. Pero Jesús no es solo estas cosas. Jesús también es absolutamente inconquistable. Él es *Señor*, lo cual no es solo una conclusión de nuestras oraciones. Él es quien es. Y debido a esto, la gracia por la que queremos orar en este capítulo es una confianza inquebrantable en Dios.

Como ocurre con las otras partes de este libro, hay mucho que cubrir aquí. Se podrían dedicar años a lo que me limitaré a mencionar. Pero espero que esta versión condensada nos ayude a comprender mejor lo que Dios ha hecho por nosotros y nos dé una nueva forma de ver a Jesús.

Veremos tres preguntas en esta parte del libro:

- ¿Por qué vino Jesús?
- ¿Qué estaba haciendo Jesús en la cruz?
- ¿Qué diferencia hace esto?

CAPÍTULO 10

¿Por qué vino Jesús?

¿De qué se trata la vida de Jesús? ¿Vino simplemente para contar historias, para exhortarnos a ser amables y amarnos unos a los otros, a realizar algunos milagros y luego encontrar un trágico y prematuro final? Hizo todas estas cosas, sin duda, pero estas no son las razones por las que vino.

Recordemos las imágenes del desembarco de los Aliados el Día D: las lanchas de desembarco golpeando la playa, las puertas abriéndose, los soldados saliendo, los guerreros asaltando las playas. "¿Por qué han desembarcado?" preguntamos. Desembarcaron para luchar, para ir a la guerra y para liberar a un pueblo en manos de un tirano.

¿Por qué Dios entró en su creación y en su tierra como hombre? La respuesta es la misma. Dios se hizo hombre para luchar, para ir a la guerra, para liberar a una raza oprimida y para liberar a los prisioneros. Invadió un mundo esclavizado para rescatar a la criatura que es más significativa para él, no solo la "humanidad" genérica, sino a *ti* personalmente. Sí, *tú*, la persona que conoce por su nombre. Las Escrituras nos dicen esto repetidamente, pero no siempre las conocemos tan bien como nos gustaría. Por eso es vital empaparnos en la palabra de Dios y absorber estas verdades. Las Escrituras están estallando de verdades que Dios quiere comunicarnos, y de las que no sabemos lo suficiente. Veamos algunos pasajes que nos ayudan a comprender la respuesta a esta primera pregunta y lo que Dios nos está revelando en su palabra.

En el resumen más sucinto que conozco, 1 Juan 3, 8 nos dice el propósito detrás de la Encarnación, es decir, que Dios se hizo carne en el vientre de la Virgen María: "Y el Hijo de Dios se manifestó para destruir las obras del demonio". ¡No hay nada más claro que esto, amigos!

Al comienzo del ministerio público de Jesús, como se registra en el capítulo 4 de Lucas, él da lo que a menudo se conoce como su "discurso inaugural". Al igual que al comienzo de su mandato, un político ofrece un vistazo de lo que espera lograr, así lo hace Jesús en la sinagoga de Nazaret. Lucas nos dice que Jesús se levantó para leer las Escrituras y abrió el rollo de la sección de Isaías donde el profeta dice:

"El Espíritu del Señor está sobre mí,
porque me ha ungido para anunciar
a los pobres la Buena Nueva,
me ha enviado a proclamar la liberación a los cautivos
y la vista a los ciegos,
para dar la libertad a los oprimidos
y proclamar un año de gracia del Señor."
(Lucas 4, 18-19) – *La Biblia de Jerusalén*

Después de leer esto, Jesús le dice a la multitud: «Hoy se ha cumplido este pasaje de la Escritura que acaban de oír» (Lucas 4, 21). ¿Quiénes son estos "cautivos" de los que habla Jesús? ¿Quiénes son los oprimidos y qué los oprime? Los cautivos son toda la raza de hombres y mujeres, oprimidos por los poderes del pecado, la muerte y Satanás.

El Evangelio de Marcos nos da un comienzo diferente al ministerio público de Jesús. Marcos 1 registra un encuentro entre Jesús y un hombre poseído por un demonio en la sinagoga de Cafarnaúm. El demonio grita: "¿Qué quieres de nosotros, Jesús Nazareno? ¿Has venido para acabar con nosotros? " (Marcos 1, 24). La respuesta es clara en la acción inmediata de Jesús: expulsa al demonio del hombre. Pero observe cómo sucede esto. No vemos una lucha masiva entre Jesús y el demonio. De hecho, no hay lucha en absoluto. Jesús simplemente se dirige al demonio y le dice: "Cállate" (1, 25). La palabra griega que usó Marcos puede entenderse como "llevar bozal". Imagínense que un hombre le grita a Jesús, totalmente fuera de control porque está poseído por un espíritu inmundo, y Jesús casi casualmente dice: "Cállate. Tranquilo. Deja de hablar. Ponte el bozal". Él vence a un demonio tan fácilmente como tú y yo aplastaríamos una mosca. Rescata al hombre de las garras del demonio, mostrando toda su superioridad sobre los poderes de las tinieblas.

El Evangelio de Lucas registra otro encuentro entre Jesús y un hombre poseído por un demonio. Al igual que en el Evangelio de Marcos, Jesús expulsa al demonio y rescata al hombre de sus garras. Inmediatamente, los líderes religiosos acusan a Jesús de expulsar al demonio por el poder del diablo. Jesús les dice que esto es absurdo. " Si Satanás lucha contra sí mismo", pregunta, "¿cómo podrá subsistir su reino?" (Lucas 11, 18). Luego ofrece una parábola que es primordial para comprender por qué vino: "Cuando un hombre fuerte y bien armado hace guardia en su palacio, todas sus posesiones están seguras" (11, 21).

Hagamos una pausa para asegurarnos de que entendemos lo que el Señor nos está diciendo. ¿Quién es este "hombre fuerte"? Nada menos que Satanás, el enemigo de nuestra raza. ¿Y cuál es "su propio palacio"? Su palacio es nuestro mundo (recuerde cómo Jesús identifica a Satanás como el "príncipe de este mundo" en Juan 12, 31). Finalmente, ¿cuáles son "sus posesiones"? Ésos seríamos nosotros, toda la raza humana, que se ha vendido a sí misma como esclava por nuestra rebelión contra Dios en el jardín en los albores de nuestra historia.

Jesús continúa esta parábola. "Pero", dice, "si viene otro más fuerte que él y lo domina, le quita el arma en la que confiaba y reparte sus bienes" (Lucas 11, 22). Jesús es claro: no solo es más fuerte que el "hombre fuerte", sino que ha venido a atacar y vencer al hombre fuerte.

En otras palabras, Jesús ha venido a luchar. Y el resultado de atacar y vencer al hombre fuerte es que sus posesiones —que somos *nosotros*— ya no están atadas y pueden salir libres.

En el Evangelio de Juan, poco antes de que Jesús entre en su Pasión, explica lo que está por hacer: "*Ahora* ha llegado el juicio de este mundo, ahora el Príncipe de este mundo será arrojado afuera" (12, 31, énfasis mío). El mismo tema que vimos en la parábola se encuentra aquí. Jesús echará fuera a la criatura que ha mantenido atada a nuestra raza.

Vencer el mal es lo que vino a hacer Jesús. Su autoridad para mandar a los espíritus inmundos provocó duda y asombro en la gente. Y, sin embargo, hoy, con demasiada frecuencia, la forma en la que hablamos de Jesús no provoca duda ni asombro. Peter

Kreeft, profesor de filosofía en Boston College, dijo que nosotros, como cristianos, hemos logrado deshacer trágicamente el milagro de Caná. ¿Recuerdas ese milagro, cuando Jesús convirtió 180 galones de agua en vino? Kreeft dice que los cristianos contemporáneos han vuelto a convertir el vino en agua. De alguna manera hemos logrado convertir a la única persona que nunca aburrió a nadie en alguien aburrido.

No puedo hablar por ti, pero como estudiante durante años en las escuelas católicas, no siempre se me presentó a Jesús como alguien a quien un joven querría seguir. ¿Cuántos de nosotros aguantamos clases de educación religiosa en las que hacíamos solo dibujos o alguna otra tontería? El *poder* de Jesús no fue presentado. Jesús caminó sobre el agua; alimentó a cinco mil hombres con un par de hogazas de pan; e hizo ver a los ciegos, oír a los sordos y caminar a los cojos. ¡Era un hombre que, al menos tres veces, llamó a los muertos a la vida!

Frank Sheed, un apologista inglés del siglo pasado, comentó una vez que las personas que seguían a Jesús (prostitutas, recaudadores de impuestos y otros "pecadores") eran personas que se aburrían fácilmente, que pensaban que la vida se trataba de sexo, dinero o simplemente vivir para sí mismos. . . *hasta que* conocieron a Jesús. Cuando lo encontraron, abandonaron su búsqueda del placer, la riqueza o el egoísmo. Llegaron a comprender que una vida verdaderamente rica era aquella que giraba en torno a él. En resumen, cuando los contemporáneos de Jesús lo conocieron, tuvieron una de dos respuestas radicales: o dejaron todo y lo siguieron, o exigieron: "Mátenlo". Nadie bostezó, se encogió de hombros y dijo: "¡Bah! Nada que ver aquí." La respuesta constante de la multitud fue conmoción y asombro.

¿Por qué vino Jesús?

La respuesta a nuestra primera pregunta—*¿Por qué vino Jesús?*—se explica con más detalle en el Evangelio de Lucas. Aquellos de nosotros que rezamos la Liturgia de las Horas (que todos los sacerdotes y diáconos prometen rezar diariamente) recitamos este pasaje cada mañana:

Bendito sea el Señor, Dios de Israel,
porque ha visitado y redimido a su pueblo,
suscitándonos una fuerza de salvación
en la casa de David, su siervo,
según lo había predicho desde antiguo
por boca de sus santos Profetas.

Es la salvación que nos libra
de nuestros enemigos
y de la mano de todos los que nos odian;
realizando la misericordia que tuvo con nuestros padres,
recordando su santa alianza
y el juramento que juró a nuestro padre Abrahán.
Para concedernos que, libres de temor,
arrancados de la mano de los enemigos,
le sirvamos con santidad y justicia,
en su presencia, todos nuestros días.

Y a ti, niño, te llamarán profeta del Altísimo,
porque irás delante del Señor
a preparar sus caminos,
anunciando a su pueblo la salvación,
el perdón de sus pecados.

Por la entrañable misericordia de nuestro Dios,
nos visitará el sol que nace de lo alto,
para iluminar a los que viven en tinieblas

y en sombra de muerte,
para guiar nuestros pasos
por el camino de la paz.[21]

Nota el tema que se repite: "Él ha *visitado*", "*redimido* a su pueblo," "suscitándonos *una fuerza de salvación*", "que *nos libra* de nuestros *enemigos*" "de la mano de todos *los que nos odian*."

¿Quiénes son estos "enemigos"? No es un partido político o alguna otra raza o sexo, no el equipo de fútbol que no aguantas o un país al que temes. Estos no son nuestros enemigos. Nuestros enemigos son el pecado, la muerte, el infierno y Satanás. ¿Y quién habita en las tinieblas y la sombra de muerte? Nosotros. Vivimos obsesionados a diario por la muerte. Solo Dios puede guiarnos por el camino de la paz. ¡Y lo hace!

Nuestras imágenes acogedoras del "pequeño Jesús, manso y apacible" nunca fueron realmente precisas. Jesús es un *guerrero*. *El* guerrero. El Libro de la Sabiduría dice esto:

Cuando un silencio apacible envolvía todas las cosas,
y la noche había llegado a la mitad de su rápida carrera,
tu Palabra omnipotente se lanzó desde el cielo,
desde el trono real, como un guerrero implacable,
en medio del país condenado al exterminio. (Sabiduría 18, 14-15)

Así como las tropas se presentaron el Día-D para luchar, Jesús desembarcó para marchar a la batalla. Dios hecho hombre es la invasión de un reino (tinieblas, infierno, muerte, pecado y Satanás) por parte de un reino más fuerte: el reino de Dios. E invadió de la manera más inteligente. Dios, como hombre, subió al escenario de la historia humana para engañar y luchar contra el que nos engañó para que nos vendiéramos como esclavos. C. S. Lewis lo expresó de esta manera: "El cristianismo es la historia de cómo el rey justo ha desembarcado en esta tierra, se podría decir que desembarcó enmascarado"[22].

Jesús vino a pelear.

CAPÍTULO 11

¿Qué estaba haciendo Jesús en la cruz?

Antes de leer la siguiente sección, busque un crucifijo y tómese unos momentos para mirar a Jesús allí. Mientras lo hace, pregúntese lo siguiente: "¿Parece ser un guerrero? ¿Es Jesús, en la cruz, el perseguido? ¿O es el cazador? ¿Es la víctima o el agresor?"

A primera vista, las respuestas a estas preguntas parecen obvias. Un hombre es clavado en una cruz. Está coronado de espinas, su cuerpo está manchado con su propia sangre por la terrible flagelación que ha sufrido. Tiene una herida abierta en el costado. La crucifixión, hecha deliberadamente en medio de lugar transitado para que *todos* la vieran, era la forma más humillante y degradante del mundo antiguo para matar a alguien. Todos fueron invitados a este espectáculo público, gratuito para todos, y fue una advertencia de los romanos: "Esto te sucederá si te atreves a meterte con nosotros". Y a pesar del diseño de esos crucifijos en nuestras iglesias, el hombre en esta cruz estaba completamente desnudo.

Claramente, en la cruz, Jesús parece el perseguido, la víctima y todo lo que sea menos un guerrero. Pero recuerda quién es Jesús.

Este no es simplemente un hombre; este es Dios hecho hombre. Este es Aquel a través de quien y para quien fue creado todo lo que se ve y lo que no se ve. Este es Aquel a través de quien se hizo un universo de cuarenta y seis mil millones de años luz de diámetro. ¿Cómo podría alguien clavar a *Dios* en una cruz? ¿De dónde saca uno ese tipo de clavo? Jesús dice poco antes de entrar en su Pasión: "*Nadie* me la quita [mi vida]" (Juan 10,18, énfasis mío). Un poco más tarde, continúa diciendo: "está por llegar el Príncipe de este mundo: *él nada puede hacer contra mí*" (14, 30, énfasis mío).

En pocas palabras, solo hay una forma en que Dios puede ser clavado en una cruz: tiene que querer que suceda. ¿Pero por qué?

Hay tres formas de responder a esa pregunta. Cada una es una respuesta legítima, con raíces tanto en la Sagrada Escritura como en la enseñanza de la Iglesia. Sin embargo, ninguna de las formas es una explicación exhaustiva; todas deben mantenerse unidas. Las tres explicaciones de lo que Jesús está haciendo en la cruz son:

- Jesús nos muestra el amor del Padre.
- Jesús está haciendo expiación por nosotros.
- Jesús va a la guerra para rescatarnos.

En mi juventud, en los 70s, recuerdo haber escuchado solo la primera explicación. "Dios es amor" era el estribillo constante. Y, sin duda, ¡es cierto! En cuanto a la expiación, la mayoría de la gente entiende que el sacrificio de Jesús tiene algo que ver con nuestro pecado. Pero muy pocas personas han pensado en Jesús como un guerrero en la cruz, luchando por nosotros. Así que analicemos estas tres formas de entender lo que estaba haciendo Jesús.

Primero, Jesús en la cruz nos muestra cuán grande es el amor del Padre. Juan 3, 16 lo dice todo: "Sí, Dios amó tanto al mundo, que entregó a su Hijo único para que todo el que cree en él no muera, sino que tenga Vida eterna." Este mensaje se repite una y otra vez en las Escrituras. San Pablo dice: "Pero la prueba de que Dios nos ama es que Cristo murió por nosotros cuando todavía éramos pecadores" (Romanos 5, 8) y

> Dios, que es rico en misericordia, por el gran amor con que nos amó, precisamente cuando estábamos muertos a causa de nuestros pecados, nos hizo revivir con Cristo—¡ustedes han sido salvados gratuitamente!—y con Cristo Jesús nos resucitó y nos hizo reinar con él en el cielo. Así, Dios ha querido demostrar a los tiempos futuros la inmensa riqueza de su gracia por el amor que nos tiene en Cristo Jesús. (Efesios 2, 4-7)

La Primera Carta de Juan nos recuerda: "¡Miren cómo nos amó el Padre! Quiso que nos llamáramos hijos de Dios, y nosotros lo somos realmente. Si el mundo no nos reconoce, es porque no lo ha reconocido a él" (3, 1). Más adelante en esa misma carta escribe:

> Así Dios nos manifestó su amor: envió a su Hijo único al mundo, para que tuviéramos Vida por medio de él. Y este amor no consiste en que nosotros hayamos amado a Dios, sino en que él nos amó primero, y envió a su Hijo como víctima propiciatoria por nuestros pecados. (4, 9-10)

Entonces Jesús definitivamente nos está mostrando el amor del Padre. Pero eso no es todo lo que está haciendo. El pasaje de 1 Juan 4, 10 nos lleva a la segunda explicación: que Jesús estaba haciendo reparación ("expiación") por nuestros pecados. La raíz de la palabra "expiación" se encuentra en el Antiguo Testamento y se refiere a un sacrificio ofrecido a Dios para expiar o eliminar algo que ha creado una distancia entre nosotros y Dios. Juan nos ayuda a entender que Jesús en la cruz estaba restaurando nuestra relación con Dios, una relación que se rompió debido a nuestros pecados. Anteriormente en 1 Juan, escribe que Jesús "es víctima de propiciación por nuestros pecados, no sólo por los nuestros, sino también por los del mundo entero" (2, 2). La Carta a los Hebreos continúa este tema cuando dice:

> En consecuencia, [Jesús] debió hacerse semejante en todo a sus hermanos, para llegar a ser un Sumo Sacerdote misericordioso y fiel en el servicio de Dios, a fin de expiar los pecados del pueblo. (2, 17)

Si bien este lenguaje no es familiar para algunos de nosotros, probablemente estamos familiarizados con el clamor de Juan el Bautista: "Este es el Cordero de Dios, que quita el pecado del mundo" (Juan 1, 29). Esta comprensión de Jesús también tiene sus raíces en el Antiguo Testamento, especialmente en conexión con la historia del éxodo, la liberación del pueblo hebreo de la esclavitud. La noche antes de que el pueblo hebreo fuera dramáticamente rescatado de su esclavitud (que prefigura a Jesús liberando a la raza humana de la esclavitud), se les instruyó que tomaran y mataran un cordero, untaran la sangre del cordero en los dinteles de sus hogares y luego comieran la carne de cordero en lo que se conoce para siempre como la cena Pascual. Los corderos que fueron sacrificados fueron "tipos", o prefiguraciones, de la sangre de Jesús que se derramaría en la cruz por nosotros y de su Cuerpo y Sangre para ofrecernos en cada Misa que celebramos. El cordero también aparece en los cánticos del siervo sufriente de Isaías, que son profecías sorprendentes de la Pasión del Señor:

> Pero él soportaba nuestros sufrimientos
> y cargaba con nuestras dolencias, ...
> Él fue traspasado por nuestras rebeldías
> y triturado por nuestras iniquidades.
> El castigo que nos da la paz recayó sobre él
> y por sus heridas fuimos sanados. (53, 4. 5)

> Al ser maltratado, se humillaba
> y ni siquiera abría su boca:
> como un cordero llevado al matadero,
> como una oveja muda ante el que la esquila,
> él no abría su boca. (53, 7)

Hay innumerables pasajes que apoyan esta segunda forma de entender lo que Jesús estaba haciendo en la cruz, pero el más sorprendente es este pasaje de San Pablo: "A aquel que no conoció el pecado, Dios lo identificó con el pecado en favor nuestro, a fin de que nosotros seamos justificados por él" (2 Corintios 5, 21).

A través de San Pablo, el Espíritu Santo nos está diciendo que Jesús estaba en la cruz haciendo algo para reconciliarnos con Dios. Jesús no fue *pasivo*. Este fue, como dijo una vez Frank Sheed, el momento más *activo* de toda la vida de Jesús.[23] Él estaba dispuesto a estar ahí por ti y por mí. El que no tenía pecado alguno hizo de su vida un sacrificio para expiar todos los pecados de toda la raza humana, tal y como les dijo a los apóstoles en el Cenáculo durante la Última Cena que lo haría. Allí, después de bendecir, partir y repartir el pan entre ellos, tomó el cáliz en sus manos y lo bendijo igualmente, diciendo: «Beban todos de él, porque esta es mi Sangre, la Sangre de la Alianza, que se derrama por muchos para la remisión de los pecados" (Mateo 26, 27-28). Esto estaba en consonancia con lo que el ángel le dijo a José después de que María concibió virginalmente: "a quien pondrás el nombre de Jesús, porque él salvará a su Pueblo de todos sus pecados" (1, 21).

¿Has visto la película *La Pasión de Cristo*? Recuerdo la primera vez que vi la escena de la flagelación. En las Escrituras, hay una frase simple: "Pilato mandó entonces azotar a Jesús" (Juan 19, 1). Para el público bíblico en ese entonces, una sola frase era suficiente. *Sabían* lo que era azotar. Nosotros no lo sabemos, y entonces nos lo muestra la película. Nos obliga a mirar el horror de los azotes y nos muestra lo que Dios soportó para hacer expiación por nosotros. Así que vemos cómo este hombre, este *Dios-hombre*, es rasgado en pedazos. Aquellos cuyo trabajo era azotar fueron entrenados para hacerlo de tal manera que llevaban a la persona al borde de la muerte sin matarla. Era un "arte". Por lo general, estaban borrachos cuando lo hacían porque lo que le estaban haciendo a otro ser humano era repulsivo y horrible. Al final de un mango de madera con tiras de cuero había pequeños trozos de hueso o metal, diseñados para incrustarse en la carne, para arrancarla. Estos entrarían en los nervios y tendones y los arrancarían. Azotaban al preso hasta que estaba casi muerto, pero no del todo, porque querían que estuviera vivo cuando lo crucificaban.

Cuando vi por primera vez esa escena de flagelación en *La Pasión*, comencé a llorar. Seguí diciendo en voz alta, una y otra vez, "Oh Dios, *lamento mucho* todos los pecados que cometí sin pensarlo siquiera. Lamento todo lo que en ese momento creí que no era nada. Y *este* es el precio que pagaste para reconciliarme contigo. Oh, Dios, *perdóname*".

Simplemente no hemos entendido la gravedad del pecado. Jesús en la cruz se ha *convertido en pecado* para que nosotros podamos llegar a ser la justicia de Dios. Pero por muy cierto que sea este entendimiento, no creo que conmueva a mucha gente. La mayoría de nosotros tenemos un sentido poco realista de nuestro propio pecado. La mayoría de nosotros, cuando miramos la cruz, pensamos: "No soy una persona *tan* mala, ni *tan* pecadora, no hasta el punto de que él tuviera que hacer *eso*". La verdad es que *necesitamos* el remedio extremo que es la crucifixión del Hijo de Dios.

Finalmente, ¿qué pasa con la tercera forma de entender lo que Jesús estaba haciendo en la cruz: ir a la guerra para rescatarnos? Permítanme compartir una experiencia que tuve hace varios años que ha cambiado para siempre la forma en que veo a Jesús en la cruz. Justo antes de la Semana Santa, estaba en mi capilla orando, reflexionando en las Escrituras sobre los grandes eventos que estábamos a punto de celebrar, cuando de repente, de manera clara y de la nada escuché dos palabras que nunca en mi vida las había escuchado juntas. He aprendido que Dios a menudo "habla" a través de inspiraciones e imágenes y cosas por el estilo, y esto se sintió como si el Espíritu Santo hubiera misteriosamente puesto una nueva expresión en mi mente.

Depredador de emboscada.

Pensé, ¿qué rayos es un "depredador de emboscada"? Saqué mi teléfono y lo busqué en Google. Aparecieron imágenes: serpientes, arañas y criaturas del océano que nunca había visto antes. Estas criaturas viven en el bosque, el desierto, en el agua, incluso en nuestras casas. Me puse a reír a carcajadas. *Depredador de emboscada*, descubrí, que es un término usado para varias criaturas que yacen inmóviles y quietas, camufladas en su entorno, con un propósito: atraer a la presa. ¿Y cuando la presa se acerca? Se abalanzan. Cuando comencé a orar con esto, me detuve en las últimas horas del Señor antes de que muriera, comenzando con el tiempo que pasó en el Huerto de Getsemaní. Es como si, desde el momento en que Jesús comenzó a sudar sangre, su divinidad estuviera cada vez más "encubierta" o camuflada.

Ciertamente, con la excepción de la Transfiguración, cuando Jesús dejó que Pedro, Santiago y Juan vieran brevemente su divinidad estallar en esa luz brillante, su divinidad nunca se mostró completamente (aunque se mostraron destellos de su poder y majestad en los muchos milagros que realizó). Pero desde la agonía en el jardín hasta que muere en la cruz, parece no solo un simple hombre, sino un hombre que está completamente indefenso mientras es arrestado, encadenado y abofeteado. Haz una pausa conmigo. El Dios que hizo el universo que tiene cuarenta y seis mil millones de años luz de diámetro *permite* que le abofeteen. El juez del cielo y de la tierra *se deja* juzgar por Pilato. Lo desnudan, lo azotan hasta que se tambalea al borde de la muerte y luego lo coronan de espinas. Finalmente, es clavado en una cruz. ¿Por qué? Para atraer a su presa.

Jesús en la cruz es *el* Depredador de Emboscada. Aunque definitivamente nos está mostrando el gran amor del Padre y, por supuesto, está haciendo expiación por nuestros pecados, también está acercando al enemigo. Está atrayendo a Satanás, atrayendo a la muerte a sí mismo. ¿Por qué? Para que pueda atar al hombre fuerte y destruir la muerte desde adentro.

Dios se hizo hombre para luchar, para rescatarnos, para recuperar a su creación, a ti. Desembarcó en la tierra para vencer al enemigo, pero aquí está el desafío: el enemigo no luchará contra Dios. Satanás no es estúpido. Satanás sabía que no podía vencer a Dios y no lo intentaría, así que Dios diseñó un plan: un plan que él sabía que implicaría clavaduras, clavos y una cruz. Luego se escondió como hombre. Y esperó.

Cuando oro con esta idea, encuentro útil abordarla con imaginación (de la manera en que San Ignacio nos animó a "ver" las Escrituras mientras oramos con ellas). Imagínese la escena: Jesús está colgado en la cruz, desnudo, ensangrentado y físicamente debilitado más allá de lo creíble. Es coronado de espinas y clavado a un trozo de madera, con un dolor tremendo. Imagino al enemigo acercándose a él, parado frente a él. Satanás comienza a burlarse de Jesús, diciendo algo como: "¿Sabes?, eres un personaje bastante interesante. Haces algunos milagros asombrosos, pero... (Me imagino al diablo mofándose en este punto)... No veo ningún milagro ahora". Entonces me imagino a Satanás mirando su reloj, tal vez incluso bostezando, y diciendo: "¿Y sabes qué? En unos minutos, serás *mío*. Porque *nadie* escapa a la muerte. Estarás bajo mi poder."

Y eso es exactamente lo que quiere Jesús. El Depredador de Emboscada ha atraído a la presa. Entrará en la muerte y, desde adentro, destruirá su poder. Jesús en la cruz no es la víctima pobre e indefensa, y no es el perseguido. Jesús en la cruz es el agresor y el cazador.

Esto suena más que extraño para la mayoría de nosotros. Pero esto no es solo mi propia imaginación fantasiosa. Esta era una forma frecuente en que la Iglesia primitiva predicaba sobre la obra de Jesús en la cruz. En un sermón de Pascua dado por San Efrén, un diácono del siglo IV y el único Doctor sirio de la Iglesia, encontramos estas palabras:

> La muerte pisoteó a nuestro Señor, pero él, en cambio usó a la muerte como un camino digno para sus propios pies. Se sometió a ella, soportando voluntariamente, porque de este modo podría destruir la muerte a pesar de sí misma. La muerte se salió con la suya cuando nuestro Señor salió de Jerusalén llevando su cruz; pero cuando con un fuerte clamor desde esa cruz convocó a los muertos del inframundo, la muerte no pudo evitarlo.
>
> La muerte lo mató mediante el cuerpo que había asumido, pero ese mismo cuerpo resultó ser el arma con la que venció a la muerte. Oculto bajo el manto de su virilidad, su divinidad se enfrentó a la muerte en combate; pero al matar a nuestro Señor, la muerte misma fue asesinada. Pudo matar la vida humana natural, pero ella misma fue asesinada por la vida que está por encima de la naturaleza del hombre.
>
> La muerte no podría devorar a nuestro Señor a menos que poseyera un cuerpo, ni el infierno podría devorarlo a menos que llevara nuestra carne; y así vino en busca de un carruaje en el que viajar al inframundo. Este carruaje fue el cuerpo que recibió de la Virgen; en él invadió la fortaleza de la muerte, rompió su cámara acorazada y esparció todo su tesoro.[24]

¡Imagina el poder que emana de escuchar esa homilía! ¡Aquí está Jesús el guerrero, luchando por nosotros, atando al hombre fuerte y liberándonos!

Aquí hay otro sermón de la Iglesia primitiva, proclamado por Máximo el Confesor en el siglo VII:

> Su carne fue puesta como cebo ante ese dragón voraz y boquiabierto para provocarlo: carne que sería mortal para el dragón, porque lo destruiría por completo por el poder de la Deidad escondida en él. Para la naturaleza humana, sin embargo, su carne iba a ser un remedio, ya que el poder de la Deidad en ella restauraría la naturaleza humana a su gracia original.
>
> Así como el diablo envenenó el árbol de la Sabiduría y echó a perder nuestra naturaleza con su sabor, así también, al presumir que devoraría la carne del Señor, él mismo se corrompe y es completamente destruido por el poder de la Deidad escondida en él.[25]

San Ireneo, otro héroe de la Iglesia primitiva, martirizado en Lyon a principios del siglo III, escribió esto:

> [Cristo] es la suma de todas las cosas, tanto al hacer la guerra contra nuestro enemigo como al aplastar a aquel que al principio nos llevó cautivos en Adán, y al pisotear su cabeza.[26]

Melitón de Sardes, predicando sobre la Pascua a principios del siglo segundo, dio un sermón al que a menudo me refiero como "Jesús el provocador". Predica como si Jesús estuviera hablando, llevando este mismo tema del que estamos hablando aquí:

> El señor se había revestido del hombre; él, el que sufría por el que padecía, y que fue ligado por el que estaba aprisionado, y que fue juzgado por el injusto, y que fue sepultado por el que estaba ente-

rrado, resucitó de entre los metros y levantó este grito: "¿Quién disputará contra mí? ¡Que se ponga delante de mí! Yo he liberado al condenado, yo he vivificado al muerto, yo he resucitado al sepultado. ¿Quién me contradirá?"

"Yo soy", dice el Cristo, "yo soy el que destruyó a la Muerte y el que ha triunfado sobre el enemigo, y el que ha pisoteado el Hades, y el que ha ligado al fuerte, y el que ha arrancado al hombre hacia las alturas de los cielos. Yo soy", dice el Cristo.

Mas ahora venid todas las naciones de los hombres petrificados por los pecados, y recibid la remisión de los pecados. Porque yo soy vuestra remisión, yo soy la Pascua de la salvación, yo soy el cordero que ha sido inmolado por vosotros, yo soy vuestro rescate, yo soy vuestra vida, yo soy vuestra Resurrección, yo soy vuestra luz, yo soy vuestra salvación, yo soy vuestro rey. Yo soy el que os conduce hasta las alturas de los cielos, yo soy el que os mostraré al (que es) Padre desde los siglos, yo soy el que os resucitaré por mi diestra.

Él es el que hizo el cielo y la tierra, el que formó al hombre, el que fue anunciado por la Ley y los profetas, el que se encarnó en una virgen, el que fue suspendido en un madero, el que fue sepultado en la tierra, el que resucitó de entre los muertos, y el que subió a las alturas de los cielos, el que está sentado a la diestra del Padre, el que tiene poder de juzgarlo y de salvarlo todo, aquel por el cual el Padre hizo lo que existe desde el comienzo hasta los siglos.

Él es el Alfa y la Omega, él es el principio y el fin, comienzo inexplicable y fin incomprensible: él es el Cristo, él es el rey, él es Jesús, él es el estratega (guerrero), él es el Señor, el que resucitó de entre los muertos, el que está sentado a la derecha del Padre. Él lleva al Padre y es llevado por el Padre, a él gloria y poder por los siglos. Amén.[27]

Como lo he descubierto, los Padres de la Iglesia (aquellos hombres que predicaron, escribieron y enseñaron en los primeros siglos después de la ascensión de Jesús), como Agustín, Gregorio de Niza, Justino Mártir, Orígenes y otros, a menudo hablaban de que Dios se hace hombre para entrar en una batalla contra el diablo. Gregorio explica la acción de Jesús en la cruz con la analogía de un anzuelo y un cebo (el cebo es su humanidad, y el anzuelo, su divinidad). Agustín usa la imagen de una ratonera, en la que su carne es el señuelo, y su divinidad es el medio por el cual se captura la presa. Ambos hombres señalan cuán apropiado es que el que engañó a nuestra raza al principio sea él mismo engañado por Dios para provocar la ruina de su propio reino.

Una de las formas más creativas en que esto se ha mostrado es en una extraña escena en *La Pasión de Cristo*. Justo después de la muerte de Jesús, tenemos una vista de la cruz desde lo alto, donde se forma una gota de agua y luego cae al suelo, simbolizando las lágrimas del cielo cuando Jesús ofrece su vida por nosotros. Inmediatamente después de esto hay una escena extraña que muestra a Satanás de pie sobre la tierra seca y árida, gritando. No es un grito de victoria, sino de angustia y aturdimiento y de absoluta derrota. Mel Gibson capturó en una película lo que Agustín, Gregorio, Máximo, Efrén y tantos otros Padres de la Iglesia primitiva habían predicado: Jesús en la cruz fue a la guerra y machacó el poder de Satanás.

Esta interpretación de la obra de Jesús nos ayuda a comprender lo que Jesús quiso decir cuando lanzó su grito desde la cruz:

"Todo se ha cumplido" (Juan 19, 30). ¿Qué estaba diciendo Jesús? No decía: "¡Qué alivio, al fin esto terminó!" Era un grito de victoria de nuestro Señor. La palabra "cumplido" también se puede interpretar como *consumado, logrado, realizado, satisfecho, ejecutado* o *completado*. Vino a rescatarnos, a liberarnos, a atar al hombre fuerte. Y por su muerte y resurrección, el Depredador de Emboscada lo ha hecho.

CAPÍTULO 12

¿Qué diferencia hace?

Llegamos ahora a la parte final de esta sección. En palabras de un amigo mío, "¿Y entonces? *¿Ahora* qué?" ¿Qué diferencia hace todo esto en nuestras vidas?

¡Lo cambia *todo*!

Por su muerte y gloriosa resurrección de entre los muertos, Jesús

- Ha humillado al enemigo,
- Ha destruido la muerte,
- Nos ha transferido,
- Nos ha dado acceso al Padre,
- Nos ha creado de nuevo,
- Ha hecho al pecado impotente
- Nos ha dado autoridad sobre el enemigo
- Nos ha enviado en una misión para recuperar su mundo.

Extraigamos estas riquezas una a la vez, las cuatro primeras en este capítulo y las cuatro siguientes en el capítulo siguiente.

La primera diferencia: Jesús ha humillado al enemigo

Este punto es uno de mis favoritos. En Colosenses 2, 15, Pablo escribe: "En cuanto a los Principados y a las Potestades, los despojó y los expuso públicamente a la burla, incorporándolos a su cortejo triunfal." Traduzcamos eso literalmente: *Jesús despojó y desnudó a los poderes de la muerte, el pecado, Satanás y el infierno, los humilló por completo y triunfó sobre ellos.*

La palabra "triunfo" se ha diluido, pero en la época de Pablo, todos entendían exactamente lo que significaba.

En los primeros tiempos del Imperio Romano, un triunfo era un mega desfile: el espectáculo de espectáculos. Los triunfos tenían lugar en la ciudad de Roma para celebrar las monumentales victorias de un líder militar. En los últimos años del imperio, estaban reservados solo para el emperador romano. Los triunfos eran eventos de todo el día que comenzaban con el vencedor dando un discurso al Senado y a todo el pueblo de Roma. La gente lo honraría y elogiaría por su logro, él se vestía con túnicas especiales, y luego se subía a su carro y comenzaba una procesión que comenzaba en la Porta Triumphalis (la Puerta del Triunfo), una puerta a Roma que estaba reservada solo para este propósito. La procesión incluía una variedad de personas y políticos, así como una selección de aquellos a quienes el líder militar o el emperador había capturado. Los prisioneros solían estar encadenados teatralmente.

La imagen más conmovedora que he visto de esto fue una descripción de un evento de la vida de Julio César. Se había involucrado en una batalla de ocho años con el rey de la Galia y finalmente lo había derrotado. Después de su victoria, el ejército de César detuvo al rey de la Galia y lo llevó ante César, que estaba rodeado por sus soldados. Cuando el rey de la Galia se paró ante César, uno de los soldados romanos se adelantó y usó un cuchillo para cortar la túnica del rey. La túnica se cayó y estaba completamente desnudo. Otro soldado lo empujó al suelo, de rodillas, y otro sacó el emblema del Imperio Romano, un águila real. Lo empujaron ante sus labios para que lo besara, como si dijera: "*Has* perdido".

Luego lo pusieron de pie y le encadenaron las manos a la espalda. Lo metieron en una jaula y comenzaron el desfile de regreso a Roma. Ese fue solo el comienzo del triunfo.

Marcharon durante días, y finalmente entraron en Roma y recorrieron la calle principal que conducía al foro. Podemos imaginarnos a César en su carro, recién llegado de los campos de la victoria, rodeado por su ejército y ataviado con sus insignias. Todo el Imperio Romano estaba en las calles para saludar a su héroe victorioso, una larga fila de cautivos detrás de él. Al final de la línea había una jaula con un hombre en ella, desnudo y encadenado, con un letrero sobre su cabeza que decía: "Este es el que solía amenazarnos y tiranizarnos. Ya no volverá a hacer eso".

Pablo nos dice que esto es lo que Jesús le ha hecho a nuestro enemigo, Satanás. Él ha *triunfado* sobre él y sus "hijos", los poderes del pecado y la muerte. Satanás no tiene más poder sobre nosotros. No debemos tenerle miedo.

Es importante aclarar que, si bien se ha ganado la batalla final, todavía estamos en plena lucha. Cada día el enemigo trata de engañarnos, tentarnos y evitar que alcancemos la meta para la que Dios nos creó: ser divinizados. Ronald Knox, un gran pastor inglés de principios del siglo XX, le recordó a la gente que lo que Jesús logró por nosotros con su muerte y resurrección no fue una especie de "libre de peligro". Más bien, fue el anuncio de que ahora tenemos una oportunidad de victoria ya que los principados y poderes han sido derrotados. Por eso Pedro nos advierte: "Sean sobrios y estén siempre alerta, porque su enemigo, el diablo, ronda como un león rugiente, buscando a quién devorar" (1 Pedro 5, 8). Es también por eso que el libro de Apocalipsis también nos advierte: "¡Que se alegren entonces el cielo y sus habitantes, pero ay de ustedes, tierra y mar, porque el Diablo ha descendido hasta ustedes con todo su furor, sabiendo que le queda poco tiempo!" (12, 12). Toma en cuenta la última parte: "*sabiendo* que le queda poco tiempo". El diablo sabe que ha perdido, no importando lo terrible que parezca la vida cotidiana.

La segunda diferencia: Jesús ha destruido el poder de la muerte

Al escribir esto, estoy mirando una foto de mi mamá y mi papá, quienes fallecieron. Mi papá murió cuando salía de un juego de baloncesto universitario, colapsándose después de un infarto en los brazos de uno de sus nietos. Unos años más tarde, mi mamá dio su último suspiro en una cama de hospital en su casa, rodeada de sus hijos. Como aquellos de ustedes que han perdido a sus seres queridos, no pasa un día en el que no pienso en ellos, los extraño y, la mayoría de las veces, lloro.

Sin embargo, debido a lo que Jesús ha hecho en la cruz, puedo llorar con esperanza, como Pablo anima a los cristianos a hacerlo (ver 1 Tesalonicenses 4, 13). Debido a que el reino de la muerte ya no puede contener a alguien que pertenece a Jesús, no temo por ellos, y sé que los veré si me quedo cerca del Señor hasta que él venga por mí. La muerte ha perdido su control sobre la raza humana. ¿Moriré aún? Por supuesto. Y tú también. Pero la muerte ya no puede retenernos gracias a lo que hizo Jesús en la cruz.

Esta verdad no significa que no estemos en duelo. Lloramos intensamente. Extraño mucho a los que amo que se han ido de la tierra. Este dolor es particularmente doloroso para los padres que han soportado el trauma de enterrar a un niño. Pero continuamente me pregunto y animo a los padres a preguntarse: "¿Dónde están nuestros seres queridos que hemos perdido?" Si están en casa con el Señor, o de camino, la verdad es que aquí no se pierden de nada, por más difícil que sea para nosotros seguir adelante sin ellos. Existe un velo muy fino entre ellos y nosotros, y la comunión de los santos significa que todavía hay un intercambio real de amor y amistad. Sobre la muerte de personas más jóvenes, a menudo escucho a la gente decir: "¡Qué tragedia!" Para nosotros, sí, pero no para ellos. Nadie en el cielo dice: "Dios, me siento engañado. Si tan solo hubiera tenido la oportunidad de conducir un automóvil o casarme o ver Tahití". El cielo no es menos que esta vida. Es infinitamente más.

En Isaías 25, Dios dijo a través del profeta que haría algo con respecto al "velo que está extendido sobre todas las naciones", la muerte:

> Él arrancará sobre esta montaña el velo que cubre a todos los pueblos, el paño tendido sobre todas las naciones. Destruirá la Muerte para siempre; el Señor enjugará las lágrimas de todos los rostros, y borrará sobre toda la tierra el oprobio de su pueblo, porque lo ha dicho él, el Señor. (25, 7-8)

¡Esto, amigos míos, es una promesa! Esa promesa se ve cumplida en el libro del Apocalipsis al final de la historia. Allí, escribe el vidente Juan escribe:

> Y oí una voz potente que decía desde el trono: «Esta es la morada de Dios entre los hombres: él habitará con ellos, ellos serán su pueblo, y el mismo Dios estará con ellos. Él secará todas sus lágrimas, y no habrá más muerte, ni pena, ni queja, ni dolor, porque todo lo de antes pasó». (Apocalipsis 21, 3-4)

San Pablo, en una carta a su amigo y protegido Timoteo, dice: "nuestro Salvador Jesucristo… *abolió* la muerte e hizo brillar la vida incorruptible, mediante la Buena Nueva" (2 Timoteo 1, 10, énfasis mío). La palabra griega que se traduce como "abolido" al español también puede significar: *aniquilado, hecho impotente, agotado, dejado de lado, invalidado o hecho que se convierta en nada.* ¡Esto es lo que Jesús le ha hecho al reino de la muerte!

En el libro del Apocalipsis, cuando Jesús se muestra a Juan, dice: "No temas, yo soy el Primero y el Último, el Viviente. Estuve muerto, pero ahora vivo para siempre y tengo la llave de la Muerte y del Abismo" (1, 17-18). ¿A quién más conoces que pueda decir estas palabras? Solo una persona: ¡Jesús! Como dijo un santo: "Es más fácil para [Jesús] resucitar a los muertos que para nosotros despertar a los que están durmiendo"[28].

El resultado de que Jesús ha destruido la muerte es que tenemos libertad. Ya no estamos atados por el miedo a la muerte. La Carta a los Hebreos dice: "Y ya que los hijos tienen una misma sangre y carne, él [Jesús] también debía participar de esa condición, para reducir a la impotencia, mediante su muerte, a aquel que tenía el dominio de la muerte, es decir, al diablo, y *liberar de este modo a todos los que vivían completamente esclavizados por el temor de la muerte* (2, 14-15, énfasis mío).

¿Tienes miedo de morir? Yo no lo tengo, y tú tampoco debes tenerlo. La muerte no puede retenernos. ¿Nos llevará algún día? Absolutamente, pero no puede detenernos. La muerte no tiene poder sobre nosotros porque Jesús ha resucitado de entre los muertos. O como dice Pablo: "¿Dónde está, muerte, tu victoria? ¿Dónde está tu aguijón? . . . ¡Demos gracias a Dios, que nos ha dado la victoria por nuestro Señor Jesucristo!" (1 Corintios 15, 55. 57).

Puedo —y lo hago— estar ante las tumbas de mi madre, mi padre, mi hermano. . ., las tumbas de todos los que amo que he enterrado, y puedo burlarme de la muerte:

Tú. No. Puedes. Ganar. No los detienes y no me detendrás a mí.

Puedo decir eso, no porque sea fuerte —no lo soy— sino por lo que Jesús ha hecho.

La tercera diferencia: Jesús nos ha transferido a su reino

Pablo escribió sobre el *dominio* (gobierno, opresión o autoridad) de las tinieblas:

> Porque él nos libró del poder de las tinieblas y nos hizo entrar en el Reino de su Hijo muy querido, en quien tenemos la redención y el perdón de los pecados. (Colosenses 1, 13-14)

Dios nos ha transferido o sacado del reino de las tinieblas a *su* reino. Si eres bautizado, esto pasó de manera real y literal en el momento en que fuiste bautizado con agua en el nombre del Padre, del Hijo y del Espíritu Santo. Como mencioné en el capítulo 8, al nacer parecemos ser pequeñas criaturas angelicales, pero la realidad es que nacemos como hijos de las tinieblas porque Adán y Eva, sin saberlo, vendieron nuestra raza como esclavos a poderes contra los cuales no podemos competir. Es como si el pasaporte espiritual que nos emiten al venir a este mundo dijera: "Pertenece al reino de las tinieblas". Nacemos bajo el dominio y la tiranía del pecado y la muerte; no tenemos esperanza de escapar de su poder *por nuestra cuenta*. (Pero en última instancia, no sin esperanza, gracias a Jesús). *Por eso* bautizamos. Porque en el momento del bautismo, ¡*nos mudamos*! Obtenemos un nuevo pasaporte: un nuevo sello, nueva documentación, un nuevo comienzo y una nueva vida en un nuevo reino.

Un querido amigo mío, un pastor bautista, ofreció una vez una manera poderosa de pensar sobre lo que sucede en el bautismo. Imagina, y esto no será demasiado difícil para algunos de nosotros, crecer en un hogar que es completamente disfuncional. El hogar, si se puede llamar así, es un lugar lleno de abuso verbal, físico y sexual. Debido a esto, haces todo lo posible para evitar estar en casa. Te involucras en todas las actividades extracurriculares, practicas todos los deportes y te quedas fuera lo más tarde posible. Entras sigilosamente porque no quieres despertar a nadie. Sabes que, si lo haces, los platos pueden volar, literalmente. Vives en esta casa durante años.

Pero al otro lado de la calle vive esta familia verdaderamente asombrosa. No puedes soportarlos porque están muy felices. Los escuchas todas las noches fuera de tu ventana. El padre siempre está ahí, jugando con sus hijos, lanzando una pelota de fútbol o una pelota de béisbol, tirando al aro, riendo y disfrutando con ellos.

Puedes escuchar la increíble relación entre él y sus hijos. Escuchas lo contrario de todo lo que es tu vida. Y estás celoso porque anhelas lo que tienen: ser amado, ser conocido, estar seguro. Nunca has sentido esas cosas, viviendo como lo haces en un lugar tan feo, horrible y violento.

Entonces, un día cuando estás solo en casa, escuchas un golpe. Vas a la puerta, la abres y es el papá del otro lado de la calle. Él te mira directamente, directamente a tus ojos, como si realmente te viera y te conociera. Y luego dice: "¿Te gustaría venir a vivir con nosotros?" Y ni siquiera empacas. Solo corres. Corres por la calle y no miras atrás.

Has sido adoptado. Es el primer día de una vida completamente nueva y se siente como si emergieras de la oscuridad a la luz.

Eso es lo que Dios ha hecho por nosotros. El bautismo nos mueve del reino de un tirano al hogar de nuestro buen Padre. Scott Hahn lo expresa de esta manera: "El que recibe el bautismo sufre una muerte a la esclavitud del pecado y vuelve a la vida al recibir la gracia" [29]. Fleming Rutledge se basa en esto al describir esta transferencia:

> Se necesita un arduo trabajo mental para entrar en el mundo del pensamiento de Pablo y comprender que [sus palabras] no describen la esclavitud a un severo código puritano impuesto sobre nosotros por una fuerza tiránica externa. Quiere decir lo contrario. El evangelio de Cristo significa precisamente la *liberación* de las fuerzas exteriores tiránicas a un reino de luz y vida.[30]

Al ir madurando, lo he ido experimentando más y más. Antes de entregar mi vida genuinamente a Jesús y personalmente experimentar el poder del Espíritu Santo obrando en mí, vivía en el reino de las tinieblas. Me oprimían y se burlaban de mi todas esas mentiras y acusaciones que estaba acostumbrado a escuchar. Ese ya no es el caso. Ahora sé que soy un hijo amado de mi Padre celestial y que él se deleita en mí. Y esto también es cierto para ti, si has sido bautizado.[31]

La cuarta diferencia: Jesús nos ha dado acceso al Padre

La mayoría de nosotros damos por sentado este punto. Déjame darte una imagen para ayudarte.

He tenido la suerte de servir como pastor de dos grandes parroquias que tenían aproximadamente tres mil familias, o entre diez y doce mil personas. Si llamabas a la oficina y pedías reunirte conmigo en un día cualquiera, la respuesta casi siempre era no, a menos que fuera una verdadera emergencia. Mis días ya estaban dedicados a cuidar a las personas que habían llamado semanas antes y habían hecho la misma solicitud. Un sacerdote en una gran parroquia se parece mucho a un médico. Ciertas horas están reservadas para emergencias, pero de lo contrario, debes hacer fila. ¡Cuántas veces deseé la bilocación!

Con eso en mente, deja asimilar en ti esta verdad simple, pero asombrosa: tú y yo podemos hablar con *Dios* en cualquier momento que queramos. Puede que tengas que esperar días o semanas para ver a un pastor o a un médico ocupado, pero puedes, en el momento que lo desees, acercarte y hablar con Dios, Aquel que creó todo lo que es. Dios puede "multilocarse".

Una imagen más útil es pensar en el concepto de acceso. La idea detrás de esta palabra es la de una carta de presentación o, mejor aún, alguien que nos presente físicamente y nos lleve a la persona que queremos y necesitamos ver. En el mundo empresarial, las redes y las conexiones de la industria pueden otorgar un acceso muy útil. En su aspecto negativo, sabemos de situaciones en las que alguien consiguió un trabajo porque "conoce a alguien que conoce a alguien". En este mundo, nos puede parecer injusto. Pero Jesús concede justicia y acceso a todos. Él nos presenta al Padre, dándonos acceso a los atrios celestiales y a Aquel que creó todo lo que es.

Esto es a lo que Pablo se refiere en su Carta a los Efesios, cuando escribe: "Porque por medio de Cristo, todos tenemos acceso al Padre en un mismo Espíritu" (2, 18).

CAPÍTULO 13

¿Qué diferencia hace? (Continuación)

Ya describimos cuatro consecuencias de la muerte y resurrección de Jesús. Veamos cuatro más, que son igualmente importantes.

La quinta diferencia: Jesús nos ha creado de nuevo

Si has visto *La Pasión de Cristo*, una de las escenas que probablemente te hizo llorar es cuando Jesús se encuentra con su madre en el camino al Calvario. Lleva su cruz por la *Vía Dolorosa*, y María se sitúa para que él pueda ver su rostro y encontrar consuelo y amor durante esta agonizante marcha hacia la muerte. Luego vemos un *flashback*: María recuerda al pequeño Jesús jugando, corriendo, tropezando. Ella corre a su lado, asegurándose de que no se haya lastimado. La escena regresa al presente, y María corre nuevamente hacia Jesús justo cuando cae bajo el peso de la cruz. "¡Estoy aquí!", le grita. Y Jesús la mira levantando la mirada, le toca la cara muy suavemente a pesar de su dolor, y dice: "Mira, Madre. Yo hago todas las cosas nuevas".

Esas palabras se encuentran en el libro de Apocalipsis 21, 5, cuando la historia llega a su fin y cuando la nueva Jerusalén desciende del cielo "como una novia preparada para recibir a su esposo" (21, 2). Son pronunciadas por Aquel que se sentó en el trono, resucitó triunfalmente de entre los muertos y que, con su resurrección, comenzó a crear de nuevo lo que había sido aterrorizado por el reino del pecado y la muerte. La nueva creación no tiene que esperar hasta que el Señor regrese en gloria. Sin duda, solo ese día *todo* se arreglará finalmente, pero podemos comenzar ahora a experimentar la alegría que proviene de ser creados de nuevo. San Pablo escribe: "El que vive en Cristo *es* una nueva criatura: lo antiguo ha desaparecido, un ser nuevo se ha hecho presente" (2 Corintios 5, 17, énfasis mío).

Mucha gente vive con la mentira que dice: "Así soy yo. Estoy atrapado, definido por mi pasado, atrapado en mis adicciones". O decimos estas cosas sobre los demás, quizás incluso sobre los que amamos. "Bueno, ese es Bob. Siempre ha sido así y siempre lo será".

¡No! El principio entero de la vida cristiana es que puedes cambiar. No por "esforzarnos más" sino porque el Espíritu Santo, que nos es dado, nos capacita para convertirnos en nuevas creaciones. El poder que resucitó a Jesús de entre los muertos mora en ti. Y por ese poder que obra en nuestras vidas, podemos decir: "Solía vivir de esa manera, pero ya no vivo de esa manera. No porque 'lo intenté' sino porque me rendí. Invité al Señor a mi vida y ahora vivo en libertad".

Hay una nebulosa asombrosa en el universo llamada Nebulosa de Orión, y es esencialmente una fábrica de estrellas. Los científicos en realidad se refieren a ella como un "vivero de estrellas". (Búscalo en Google; tienes que verlo). Dios todavía está creando estrellas hoy, pero aún más maravilloso, nos está creando de nuevo a ti y a mí. Tu matrimonio, tu vida personal, tus amistades, tu dolor . . . Todo se puede recrear. Incluso si te sientes atrapado en la amargura, el resentimiento, el deseo de venganza o una adicción a la pornografía, el juego, la bebida o cualquier otra cosa, Dios puede recrearte, perdonarte, hacerte perdonar y liberarte. Él tiene ese poder, y tú tienes esa oportunidad, gracias a la muerte y resurrección de Jesús.

La sexta diferencia: Jesús ha vuelto impotente el pecado

Esta puede ser más difícil de entender, pero la simplificaré. Esencialmente, esto significa: "No tenemos por qué pecar".

No me malinterpretes: pecamos todo el tiempo porque tenemos recuerdos, malos hábitos y la inclinación a pecar como resultado de la caída. Pero no tenemos por qué pecar. Aquel que hizo el universo y que resucitó a Jesús de entre los muertos vive en nosotros. Eso significa que no tenemos que hablar como solíamos hablar, y no tenemos que pensar o actuar como solíamos pensar o actuar. *Podemos cambiar*. El pecado ya no tiene tiranía, ni fortaleza, ni dominio sobre nosotros.

Como dice San Pablo en Romanos 6, 6-7,

> Comprendámoslo: nuestro hombre viejo ha sido crucificado con él, para que fuera destruido este cuerpo de pecado, y así dejáramos de ser esclavos del pecado. Porque el que está muerto, no debe nada al pecado.

Pablo se está refiriendo aquí al dominio del Pecado (con P mayúscula). Este dominio ha sido derrotado. Por lo tanto, puede continuar diciendo:

> Así también ustedes, considérense muertos al pecado y vivos para Dios en Cristo Jesús.
>
> No permitan que el pecado reine en sus cuerpos mortales, obedeciendo a sus bajos deseos. Ni hagan de sus miembros instrumentos de injusticia al servicio del pecado, sino ofrézcanse ustedes mismos a Dios, como quienes han pasado de la muerte a la Vida, y hagan de sus miembros instrumentos de justicia al servicio de Dios. Que el pecado no tenga más dominio sobre ustedes. (Romanos 6, 11-14)

Puedes ver cómo esta lista de diferencias es un conjunto de bloques de construcción: fuimos transferidos del gobierno de las tinieblas, se nos dio acceso a Dios el Padre, fuimos recreados por el poder del Espíritu Santo, que resucitó a Jesús de entre los muertos y que habita con nosotros, y ahora podemos vivir vidas completamente nuevas, ya no estancados en las formas y hábitos pecaminosos de nuestro pasado.

La séptima diferencia: Jesús nos ha dado autoridad sobre el enemigo

En Lucas 10, 19, cuando Jesús envía a los setenta y dos, les dice: "Les he dado poder de caminar sobre serpientes y escorpiones y para vencer todas las fuerzas del enemigo; y nada podrá dañarlos".

Recuerda, las Escrituras nos dicen no solo lo que sucedió, sino también lo que *siempre* sucede. Este es Jesús hablándote, ahora mismo. Él te da autoridad; te da poder. ¿Qué significa esto? No quiere decir que debas pisotear literalmente serpientes y escorpiones. Más bien, recuerda las preguntas que te hice en el capítulo 8 cuando te animé a que le pidieras al Espíritu Santo que brillara una luz brillante y expusiera en dónde está tratando de obrar el enemigo en tu vida en este momento:

- ¿De qué me acusa el enemigo ahora mismo?
- ¿Qué mentira me está paralizando en este momento?

La autoridad que Jesús te da significa que, cuando Satanás te acusa y te miente, no estás indefenso. Cuando vienen las burlas, acusaciones y mentiras, puedes tomar autoridad sobre el enemigo y sus espíritus malignos. Puedes decir algo como: "En el nombre de Jesús, renuncio a la mentira de que no valgo nada..., a la mentira de que no soy amado..., a la mentira de que soy desechable..., a la mentira de que soy un mal padre o una mala madre..., a la mentira de que soy un mal esposo o esposa..., a la mentira de que soy un mal sacerdote. En el nombre de Jesús, tomo autoridad contra el espíritu de culpa que me acusa y te ato y te arrojo al pie de la cruz para que Jesús haga de ti lo que él quiera".

Tienes autoridad sobre el enemigo como resultado de lo que Jesús hizo por ti en la cruz. No estás indefenso en esta batalla que es la vida. ¡Usa esa autoridad diariamente! Jesús te la ha dado.

La octava diferencia: Jesús nos ha enviado en misión a recuperar su mundo

La Misa en latín termina con las palabras *Ite, missa est*. La mejor traducción que he escuchado de esto es "Ella es enviada". ¿Quién es "ella"? ¡La Iglesia! ¿Y quién es la Iglesia? No simplemente los obispos o la jerarquía, sino todos los que hemos sido bautizados e incorporados a Cristo. ¿Quién realiza el envío? Dios. ¿Cuál es la misión? Recuperar su mundo.

Afuera de mi antigua parroquia, cuando la gente se iba veían carteles que decían: "Ahora estás entrando en territorio misionero". Cada vez que salimos de la misa, Dios nos encarga ir al mundo, compartir el evangelio y estar al ataque. Pero el ataque no es contra otras personas, muchas de las cuales han sido cegadas por el príncipe de este mundo, así como yo fui cegado una vez. Otras personas no son el enemigo. Satanás lo es.

Hay un pasaje citado con frecuencia en Mateo que es pertinente aquí, pero no creo que siempre lo usemos correctamente. Mateo 16, 18 dice:

"Y yo a mi vez te digo que tú eres Pedro, y sobre esta piedra edificaré mi Iglesia, y las puertas del Hades no prevalecerán contra ella." – (Biblia de Jerusalén)

A menudo interpretamos que eso significa: "Bueno, supongo que no importa lo mal que se ponga, la Iglesia nunca se colapsará". Pero eso no es lo que significa este pasaje. Léelo atentamente. ¿Alguna vez te ha atacado una puerta? Por supuesto no. Las puertas no son medidas ofensivas; son medidas *defensivas*. Nosotros, la Iglesia

—tú y yo— somos los que estamos al ataque. Estamos asaltando las puertas del infierno (¡o se supone que debemos hacerlo!), no al revés.

Los cristianos vivimos con una actitud derrotista demasiado a menudo. El poder que creó el universo, que aplastó a la muerte y al pecado, a Satanás y al infierno, vive en *ti* y quiere hacer uso de *ti*. El infierno no puede competir con Dios. Así que comparte el evangelio con gozo, amor y confianza. Eleva lo que Dios ha hecho por ti en Jesús. Comparte con los demás la única nueva que les permita salir de una cultura plagada de desesperación, una cultura que literalmente se está matando a sí misma porque no cree que la vida valga la pena. Jesús nos dice, a la Iglesia: "El infierno no tiene ninguna posibilidad. Así que sal allá afuera. ¡Ve!"

Está ahí mismo en las Escrituras, diciéndonos lo que sucedió y lo que siempre sucede:

Entonces les dijo: «Vayan por todo el mundo, anuncien la Buena Nueva a toda la creación». (Marcos 16, 15)

¿Y qué es el evangelio?

Creado. Capturado. Rescatado. Respuesta. Cuando conoces esas cuatro palabras, conoces el evangelio.

Ojalá que no solo conozcas la historia del evangelio, sino que lo hayas *experimentado* o *estés listo* para experimentarlo: encontrarlo, *conocerlo*, ser transferido de la esclavitud a la libertad y emprender la misión para él:

Acercándose, Jesús les dijo: «Yo he recibido todo poder en el cielo y en la tierra. Vayan, y hagan que todos los pueblos sean mis discípulos, bautizándolos en el nombre del Padre y del Hijo y del Espíritu

Santo, y enseñándoles a cumplir todo lo que yo les he mandado. Y yo estaré siempre con ustedes hasta el fin del mundo.» (Mateo 28, 18-20)

Independientemente de cuán sombrío se vea el mundo (o la Iglesia), esta es la verdad: Jesús es *el Señor*. Y decir que Jesús es el Señor significa que nadie más lo es, no importa cómo pueda parecer ahora.

Compartí con anterioridad una cita de C. S. Lewis. "El cristianismo es la historia de cómo el rey legítimo ha desembarcado, se podría decir que desembarcó disfrazado".[32] Añadió: "Y nos está llamando a todos a participar en una gran campaña de *sabotaje*".[33] ¡Me encanta esta cita! Esto es lo que Dios nos está llamando a ti y a mí a hacer: liberados del poder de la muerte, ya no bajo el dominio del reino de las tinieblas y el pecado, recreados por el Espíritu Santo y con la autoridad de Jesús, ahora estamos equipados para luchar. Estamos armados con amor, verdad, bondad, belleza, perdón y todas las armas del reino de Dios. Estamos llamados a deshacer, a sabotear, lo que el enemigo ha forjado desde ese fatídico día en el Edén hace tanto tiempo.

En la siguiente sección, exploraremos esta misión con más detalle. Es una parte crucial de la respuesta que estamos llamados a dar como discípulos de Jesús y en gratitud por todo lo que ha hecho por nosotros.

CAPÍTULO 14

El corazón del Evangelio

Antes de explorar nuestra respuesta a lo que Jesús ha hecho por nosotros, permítanme ofrecer un pensamiento final sobre el concepto de ser rescatados.

Recientemente di un retiro sobre estos temas y, durante un descanso, un hombre se me acercó, obviamente desconcertado, y dijo: "Padre, he escuchado todo lo que dijo y creo que lo entiendo. Solo hay una cosa que *no entiendo*. ¿Por qué? ¿Por qué Dios haría esto? ¿Cómo puede ser que el Creador del universo, de inimaginablemente cuarenta y seis mil millones de años luz de diámetro, se convierta en hombre y haga todo esto por nosotros?"

Le dije lo que te diré a ti. Es simplemente esto: porque tú y yo le importamos a Dios. Honestamente, no sé por qué es así. Dios no nos necesita ni a mí ni a ti. Él no está aburrido. Está infinitamente feliz. Y, sin embargo, no solo nos *ama*, sino que tiene *sed* de nosotros.

La Madre Teresa solía tener dos palabras pintadas junto a los crucifijos en todas las capillas de las Misioneras de la Caridad alrededor del mundo: "Tengo sed". Estas fueron las palabras que Jesús pronunció desde la cruz. La Madre a menudo les recordaba a las hermanas que decir "Tengo sed" no significa simplemente "te quiero". Significa: "Te *amo*. Te *deseo*." De alguna manera, de una manera que no podemos comprender, *Dios* tiene sed y *nos* desea. Tú.. Yo. ¿De qué otra manera podemos explicar la cruz de Jesús?

También compartí con ese hombre algo con lo que me encontré hace muchos años, pero ya no recuerdo dónde. Alguien estaba tratando de explicarle a un amigo lo que significa decir "Te amo". "Significa", dijo la persona, "que tú vales la pena". Cuando una madre se levanta por la noche para alimentar y cuidar a su niño que llora, lo hace porque ese niño vale la pena. Cuando un médico se apresura al hospital en medio de la noche para tratar a un paciente que acaba de resultar herido, lo hace porque esa persona vale la pena. Y Jesús desde la cruz nos dice a ti ya mí: "*Tú* vales la pena. Mereces que me haga hombre, que me azoten, que me coronen de espinas y que vaya a la cruz. Vale la pena morir por ti. ¡Tu me *importas*!"

Tal vez podamos simplemente responder a la pregunta de ese hombre de esta manera: "Porque el amor hace esas cosas. Y Dios *es* amor".

Hay un hermoso ícono —una imagen famosa en la Iglesia de Oriente— que se llama *Anástasis*, la palabra griega para "resurrección". Vale la pena mirar buscarla para poder ver su belleza. Jesús está en el centro: resucitado, glorioso, triunfante. Ya no se oculta su divinidad; está brillando. Este es Jesús como realmente es, cegador y brillante. Y él está parado sobre la cabeza de Satanás. A sus pies hay cerraduras y llaves, las que mantuvieron atada a nuestra raza. Y, a un lado de él, hay un hombre, cuya mano Jesús sostiene. Por el otro lado, Jesús sostiene la mano de una mujer. Son Adán y Eva, y Jesús los está sacando del infierno.

Ahora mismo, Jesús también te tiende la mano. Te invita a tomarla, a agarrarte y a dejarlo liderar. Sea cual sea la prisión, tumba o infierno en el que te encuentres, tómalo de la mano. Él puede librarte de donde estés, darte la gracia para sufrir bien, si eso es lo que necesitas, y librarte de la amargura y el resentimiento. Puede traer calidez a un corazón que se enfría. Sea lo que sea, él puede hacerlo. Todo lo que tienes que hacer es tomar su mano. Es absolutamente invencible. Puedes tener una confianza inquebrantable en él.

¿Sabes lo que he hecho por ti?

En el capítulo 8 leímos sobre la imagen del traficante y la víctima indefensa. Le pediste al Espíritu Santo que te ayudara a imaginarte estar en esta grave situación sin esperanza, cuando de repente alguien entra en la habitación y te quita las ataduras. A medida que te acercas a la salida, consciente del hecho de que el tirano está del otro lado, te llenas de alegría, pero también de miedo. Y cuando cruzas el umbral, tu salvador señala al tirano, ahora total y completamente atado. Y tu salvador, Jesús, dice: "Ya no tienes que preocuparte por él. Yo ya me ocupé de él". Y ahí vas. Hacia la luz. Hacia la libertad. A una nueva vida.

¿Qué le das a un hombre así? ¿Cuál es la respuesta lógica o apropiada cuando alguien te rescata del infierno y te salva de una muerte interminable?

Vamos a averiguarlo.

Resumen de la Parte III: Rescatado

- La respuesta de Dios a nuestro cautiverio al pecado es impactante e inesperada.
- En pocas palabras, nos rescató y nos liberó de nuestras cadenas.
- ¿Por qué vino Jesús? Él "desembarcó" men la tierra para luchar contra nuestro enemigo, el diablo.
- ¿Qué estaba haciendo Jesús en la cruz? Jesús es el cazador, no el cazado; el agresor, no la víctima. Es el depredador de emboscada supremo. La crucifixión no podría haber sucedido sin que Dios hubiera querido que sucediera.
- ¿Qué más da todo esto? Jesús ha humillado al enemigo, destruido la muerte, nos ha trasladado a su reino, nos ha dado acceso al Padre, nos ha recreado, ha vuelto impotente al pecado y nos ha dado autoridad sobre el enemigo.
- Ahora nos envía en una misión para recuperar su mundo.

Preguntas para la discusión:

1. ¿El saber que Jesús no es una víctima sino un cazador, que en realidad es *el* Depredador de Emboscada, te cambia la forma en que ves a la Pasión?
2. ¿Tienes miedo de morir? ¿Ahora te sientes diferente con respecto a la muerte?

3. Cuando escuchas acerca del "amor de Dios", ¿escuchas un cliché? ¿O esas palabras tienen un significado más profundo para ti? ¿Verdaderamente crees que "vales la pena"?

Si lo deseas, podrías intentar hacer esta oración:

Dios, creo que por tu amor infinito me creaste. Lamento todas las veces que he creído en las mentiras del enemigo de que no eres un buen Padre y que no me amas. Perdóname por todos mis pecados. Gracias por enviar a Jesús, *el* depredador de emboscada, para rescatarme del pecado, la muerte, el infierno y Satanás. Elijo este día para colocar a tu Hijo, Jesús, en el centro de mi vida.

Y así, hoy, aquí y ahora, me entrego a ti, Jesús, y deseo tu señorío sobre cada área de mi vida. Te pido ahora que inundes mi alma con el don del Espíritu Santo. Ayúdame a conocer mi verdadera identidad como hijo/a amado/a. Ayúdame a saber que soy importante y que vale la pena morir por mí. Recréame para ser la persona que me destinaste a ser. Úsame como un instrumento en tus misericordiosas manos para rescatar a otros y ayudar a recrear este mundo que tanto amas. Amén.

No ofenderle y Amarle más ♡♡

PARTE IV

Respuesta

Pide por las gracias de gratitud, entrega y valor.

CAPÍTULO 15

Nuestra respuesta personal a Jesús: gratitud, entrega, y coraje

"Todos los días pienso en lo que me dijiste ese día en el puente."
—*Salvando al soldado Ryan*

Uno de los momentos cinematográficos más conmovedores de todos los tiempos es el final de la película *Salvando al soldado Ryan*. En los últimos minutos, el ahora anciano James Ryan se agacha ante la tumba del capitán John Miller. Ryan ha regresado a Normandía, donde él y otros desembarcaron el 6 de junio de 1944 para liberar a un continente oprimido y tiranizado por un dictador demoníaco. Por el monólogo que sigue, aprendemos que esta es la primera vez que Ryan visita la tumba del hombre que le salvó la vida.

La película empieza con el anciano Ryan dirigiéndose a ese cementerio, pero la mayor parte de la película es un retrospectiva que cuenta la historia del joven soldado Ryan, que acaba de perder a sus tres hermanos que también estaban sirviendo en la guerra. Al enterarse de la muerte de tantos miembros de una familia, el jefe de personal del Ejército envía un equipo de soldados, liderado por el Capitán Miller, para encontrar a Ryan, rescatarlo y enviarlo de regreso a casa para que su madre no pierda por completo a todos sus hijos en la guerra. La película alcanza su punto culminante en un pequeño pueblo de Francia, donde los alemanes tienen acorralado al pelotón. El Capitán Miller muere después de un acto heroico, pero justo antes de morir, el soldado Ryan va a su lado. Los hombres se miran y Miller articula algo que Ryan no puede oír.

"¿Qué, señor?", pregunta Ryan.

Miller, luchando por hablar y respirar, se acerca a Ryan y le susurra al oído: "James, gánate esto".

Ryan se echa hacia atrás y los dos hombres se miran directamente a los ojos. "Gánatelo", dice Miller. Y con eso, da su último suspiro.

La escena final de la película nos devuelve al cementerio de Normandía. James Ryan ha venido en una especie de misión. Su esposa, hijos y nietos lo acompañan, pero se mantienen a una distancia respetuosa mientras Ryan se acerca a la tumba del Capitán Miller. Se agacha frente a la cruz blanca que marca la tumba de Miller y dice:

> Mi familia está conmigo hoy. Querían venir conmigo. Para ser honesto contigo, no estaba seguro de cómo me sentiría al volver aquí. Todos los días pienso en lo que me dijiste ese día en el puente. Intenté vivir mi vida lo mejor que pude. Espero que haya sido

suficiente. Espero que al menos a tus ojos me haya ganado lo que todos ustedes han hecho por mí.

Su esposa parece que no sabe quién era Miller y lo que hizo, y mucho menos el hecho de que no se habría casado con Ryan si el hombre enterrado allí no hubiera hecho lo que hizo para rescatarlo. Aunque Ryan, como muchos veteranos de guerra, nunca compartió la historia de cómo fue salvado, por sus sinceras palabras, sabemos que había pensado todos los días en lo que Miller le dijo. Había tratado de hacer de toda su vida una respuesta al heroísmo y el amor sacrificado que Miller había demostrado.

"¿Amor?" tú te preguntarás. Sí, amor. Porque "nadie tiene mayor amor", nos dice Jesús, "que el que da la vida por sus amigos" (Juan 15, 13).

Esa escena es una de las representaciones más poderosas que conozco para ayudarnos a comprender cómo debemos vivir nuestras vidas en respuesta a lo que Jesús —el más grande de los "veteranos de guerra"— ha hecho por nosotros. Por supuesto, existe una diferencia fundamental. Jesús no nos dijo desde la cruz: "Gánate esto". Nadie podría "ganarse" el amor de Dios, la Encarnación o nuestro rescate del pecado, la muerte, Satanás y el infierno. Pero la respuesta del soldado Ryan debería provocar una pregunta en todos nosotros: "¿Pensamos *todos los días* en lo que Jesús ha hecho por nosotros?" ¿O su rescate ha sido pasado por alto? ¿Cuántas veces hemos entrado en una iglesia y no nos hemos detenido en seco al ver el crucifijo o pasamos sin pensarlo frente a un crucifijo en nuestras propias casas?

A medida que exploramos nuestra respuesta a Jesús, las gracias para pedir al Espíritu Santo son estas: *gratitud* por todo lo que

Dios ha hecho por nosotros en Jesús, *entrega* a Jesús como Señor y el *coraje* de ayudar a Dios a recuperar su mundo.

Agentes de sabotaje

Antes de profundizar en nuestra respuesta al extraordinario don de sí mismo de Jesús, quiero dejar algo claro. A menudo escuchamos que nuestro objetivo como cristianos es "llegar al cielo". Por supuesto que deberíamos desear llegar al cielo, pero hay más en nuestra vida cristiana que eso. La misión de rescate de Jesús es doble: es para nosotros personalmente y es algo que se supone que *continuará a través de nosotros*. En otras palabras, el rescate de Jesús es algo que *recibo* y algo que *estoy llamado a difundir* en mi vida diaria. Nuestra respuesta, entonces, incluye adoración, acción de gracias y entrega, como una respuesta personal, y también incluye ser un *heraldo* de lo que Dios ha hecho por nosotros en Jesús, como una respuesta de misión.

En palabras de C. S. Lewis, nuestra respuesta a Jesús debería convertirnos en agentes activos de sabotaje. Nuestras armas son el amor, la verdad, la belleza, la bondad y la justicia. Los manejamos para continuar la obra de recreación de Dios y para difundir su misión de rescate en todas las esferas de influencia de nuestras vidas. Si bien la creación solo se restaurará por completo cuando el Rey legítimo regrese y lo ponga todo bien, eso no significa que no hay trabajo para ti y para mí en este momento. Debemos esforzarnos por que todo lo que toquemos y encontremos sea llevado a conformidad con la intención original del Padre.

Entonces, en este capítulo, veremos:

- nuestra respuesta personal a Jesús (adoración, alabanza, gratitud y entrega)
- cómo nos envía a una misión y cómo hacerlo de manera más eficaz,
- una sugerencia para mis hermanos sacerdotes (y para obispos y diáconos), y
- la reflexión llena de esperanza y aliento de parte de un amigo, para inspirarnos al ser enviados al mundo.

En muchos sentidos, esta sección es la más importante porque Dios "ya ha hecho su parte", por así decirlo, y es "nuestro turno". Por supuesto, Dios en realidad no hace trueques con nosotros, y no estamos llamados a "ganarnos" nada, pero el gran amor de Dios nos llama a una respuesta. No solo ha creado todo de la nada y de su amor, sino que ha rescatado a su amada creación y especialmente a su criatura más querida, la persona humana, de una manera impactante e inesperada. Él nos ha rescatado personalmente de un destino terrible para que podamos salir libres y algún día compartir su abundante vida eterna, donde no habrá dolor, ni lágrimas, ni muerte.

¿De qué nos serviría haber nacido si no hubiéramos sido rescatados?

Esta pregunta se plantea en el *Pregón Pascual,* el gran himno que se canta al comienzo de cada Vigilia Pascual. En la oscuridad de una iglesia iluminada únicamente por el cirio pascual (que simboliza a Jesús, la luz del mundo que las tinieblas no pueden vencer), el *Pregón Pascual* nos pide anualmente que consideremos nuevamente esta pregunta: *¿De qué nos serviría haber nacido si no hubiéramos sido rescatados?*

¡En efecto! Estábamos atados por los poderes del pecado y la muerte, destinados a la futilidad eterna, pero "porque el amor hace tales cosas" y porque nosotros le *importamos* a Dios, por incomprensible que sea para nosotros, se nos ha ofrecido una nueva vida, y una nueva esperanza.

La única pregunta que queda es: "¿Cómo responderé?" Y nuestra respuesta es importante. No es automática. En este mismo momento Dios anhela escuchar a algunos de ustedes decirle: "¡Gracias, Señor! Me entrego. Te doy mi vida. Úsame para ayudarte a construir tu reino y a ser un agente de sabotaje". Incluso aquellos de nosotros que hemos vivido como discípulos de Jesús durante años debemos elegir cómo responder todos los días. A un sacerdote que conozco le preguntaron: "¿Cuándo decidiste ser sacerdote?" Este hombre, que fue ordenado hace veinticinco años, respondió: "Esta mañana". Todos los días y a lo largo de cada día, decidimos cómo vivir nuestras vidas. ¿Viviremos entonces ya no para nosotros mismos, sino para él, como dice San Pablo (ver 2 Corintios 5, 15)?

Recuerda el hecho simple pero crucial de que la vida cristiana es una *respuesta* a lo que Dios ya ha hecho. Dios es amor y ha dado el primer paso; siempre lo hace. Ahora nos mira con amor y pregunta: "¿Qué harás?"

¿Responderemos con: "Todos los días pienso en lo que hiciste por mí"?

Primera respuesta personal: adoración

"Tienes que servir a alguien", dijo Bob Dylan. Todo el mundo adora algo o a alguien. A menudo sostengo que si quieres ver la adoración en acción, la encontrarás un sábado de otoño en las ciudades universitarias de Estados Unidos. En estadios abarrotados, hombres, mujeres y niños, desempeñado un tipo de adoración. Brincando, con las caras y cuerpos pintados y con las voces roncas de tanto gritar por la alegría de una gran jugada o por rabia contra la marca del árbitro; las bandas tocan, la gente canta, las porristas promueven los frenéticos gritos. Hay un compromiso comunitario para ganar.

Al día siguiente, sin embargo, en muchas ciudades, las iglesias no pueden asumir que tendrán el mismo tipo de asistencia o entusiasmo. El apoyo vertiginoso del sábado se vuelve la participación apagada o renuente del domingo. Soy tan fanático del fútbol como cualquiera, y disfruto un buen juego. Pero en el fondo, sabemos que un partido de fútbol no significa nada en el gran esquema de las cosas. Entonces, ¿por qué es tan silenciosa nuestra respuesta al Dios que nos salvó de nuestras peores pesadillas?

Recuerdo un domingo por la mañana, cuando las cadenas deportivas estaban repitiendo y celebrando una jugada espectacular que se había dado al final de un partido de fútbol. Como aficionado, estuve de acuerdo en que era increíble. Pero mientras miraba los aspectos más destacados y escuchaba a los locutores hablar sobre el jugador ganador, sentí que Jesús me preguntaba: "¿En dónde está mi gloria?" Su tono era a la vez herido y justamente enfadado. "Le dan un sinfín de elogios a un joven que ganó un juego", sentí que decía, "pero ¿por qué nadie habla de mí de esa manera?" Entonces, increíblemente, fue como si me mostrara un punto culminante que nunca podría suceder.

En mi mente vi un partido de fútbol. Quedaba un segundo en el reloj, el equipo que iba cinco puntos abajo en el marcador estaba a una yarda de su propia zona de anotación. Su mariscal de campo al tratar de lanzar la bola en la otra dirección pisó la zona de anotación. Y nadie de su equipo estaba abierto para recibir el pase, así que de repente un jugador tras otro se amontonó encima de él. *¡Se acabó el juego!* O debería haberse acabado. Pero a medida que esta imagen mental continuaba desarrollándose en mi mente, vi a este mariscal de campo luchar hacia adelante, a pesar de que todos estaban sobre él. No solo se negó a caer, sino que avanzó. Fue progresando a pesar de que la defensa seguía encima de él; una escena verdaderamente cómica. No es posible que un hombre se levante erguido con otros once hombres encima de él, pero el mariscal de campo siguió moviéndose hasta que, finalmente, cruzó la línea de gol. Ahí estaba: la obra más grande de todos los tiempos, nunca igualada ni superada. Sería el punto culminante número uno de todos los tiempos en SportsCenter. Mientras veía esto en mi imaginación esa mañana, sentí que el Señor me decía: "Eso no es nada. Yo tomé los pecados del mundo entero sobre mi espalda. Me enfrenté a Satanás y a los poderes y principados que mantenían atada a tu raza. ¡Y gané!" Dijo de nuevo: "Ahora, ¿dónde está mi gloria?"

La adoración se define mostrando honor, reverencia o devoción. La adoración fuera de lugar de nuestra cultura es una cuestión de justicia. La justicia es darle a alguien lo que se le debe, lo que se merece. La simple verdad es que nada ni nadie merece el honor, la reverencia y la devoción que Dios merece. Desafortunadamente, nuestra cultura está llena de idolatría, y muchos adoran los ídolos del deporte, dinero, estatus, prestigio, placer o sexo. Solía pensar en los antiguos, que hacían y se inclinaban ante estatuas, como tontos, pero luego encontré esta definición de idolatría de Tim Keller:

¿Qué es un ídolo? Es cualquier cosa más importante para ti que Dios, cualquier cosa que absorba tu corazón e imaginación más que Dios, cualquier cosa que busques para darte lo que solo Dios puede darte. Si algo se vuelve más fundamental que Dios para tu felicidad, el sentido de la vida y tu identidad entonces es un ídolo.[34]

Pensé en todas las formas en que busco la felicidad fuera de Dios y en mi relación con él. De repente, me di cuenta de que era como esos antiguos tontos.

Lo primero que estamos llamados a hacer en respuesta a todo lo que Dios ha hecho por nosotros en Jesús es adorarlo, es decir, darle el honor, la reverencia y la devoción que se merece, sabiendo que él es fundamental para nuestra felicidad y merece absorber plenamente nuestras vidas.

Segunda respuesta personal: alabanza y acción de gracias

Relacionados con la adoración, pero distintos de ella, están la alabanza y el agradecimiento. Adoramos a Dios por lo que *es*: por su grandeza y esplendor, su majestad, belleza y bondad más allá de todo lo que se puede decir. Alabamos y agradecemos a Dios por lo que *ha hecho*.

¿Cuánto de tu tiempo de oración dedicas a alabar y agradecer a Dios? Puedo fácilmente caer en el hábito de definir la oración como traer varias necesidades y peticiones a Dios. Como si necesitara que le dijera lo que quiero o necesito. Como dijo un comentarista, la meta de la oración no puede ser la comunicación de información.[35] Dios sabe lo que necesitamos antes de pedirlo.

La próxima vez que entres en oración, trata de comenzar agradeciendo y alabando a Dios. Si no sabes por dónde empezar, intenta empezar con los salmos. Así como una madre o un padre tienen que enseñar a un niño a hablar, Dios tiene que enseñarnos a orar, y los salmos son una de sus mayores herramientas de enseñanza. Algunos de mis favoritos para alabarlo y agradecerle son los Salmos 34, 100, 103, 136, 145 y 150.

Otro pasaje útil es Éxodo 15, 1-21, que describe la escena después de que los israelitas vieron al ejército egipcio ahogarse en las aguas del Mar Rojo.[36] Mientras oras con este pasaje, te animo a que lo percibas, no como la historia de extraños rescatados de un dictador extranjero, pero como *nuestra* historia y *nuestro* rescate. La Biblia está llena de nuestra historia familiar compartida. (¡Más sobre esto por venir!)

Así que abre tu Biblia y abre tu corazón. Deja que las Escrituras te lleven a la alabanza y la acción de gracias. Deja que el Señor escuche tu respuesta mientras clamas a él con gratitud por todo lo que ha hecho por ti.

Tercera respuesta personal: entrega

La última forma en que podemos responder personalmente a la extraordinaria misión de rescate de Jesús es la entrega.

Nos irrita el concepto de entrega porque implica una especie de "darse por vencido". A la mayoría de nosotros no nos gusta la idea de renunciar al control. Pero recuerda al Papa San Juan Pablo II y su declaración de que el "kerygma evangélico —[es el] primer anuncio lleno de ardor que un día transformó al hombre y lo llevó a la decisión de entregarse a Jesucristo por la fe."[37] La entrega es simplemente otra palabra para "encomendar", y ambas palabras son otra forma de decir "fe".

Pero quizás incluso de manera más simple, podríamos hacer esta pregunta: "¿Qué quiere Dios de mí?"

El Evangelio de Juan aborda esa cuestión. Jesús en la cruz pronuncia dos palabras: "Tengo sed" (Juan 19, 28). ¿De qué tiene sed Jesús? ¿Qué anhela Dios? Tiene sed y añora que nos encomendemos a Él, que nos entreguemos a Él, *que tengamos fe en Él*.

En el Evangelio de Lucas, Jesús pregunta: "Cuando venga el Hijo del Hombre, ¿encontrará fe en la tierra?" (18, 8). En otras palabras, cuando Jesús regrese en gloria a la tierra, ¿encontrará que respondimos como deberíamos a su extraordinaria misión de rescate? ¿O descubrirá que damos por sentado su sacrificio y rescate?

Si otra palabra para entrega es "fe", echemos un vistazo a lo que realmente es la fe. Pero primero, definamos lo que *no es* la fe. La fe no es irracional, ciega, contradictoria con la razón o la ciencia, o un mero asentimiento intelectual. Definámoslos de uno por uno.

Como mencioné en el capítulo 2, muchas personas en nuestra cultura occidental moderna parecen pensar que tener fe significa dejar la propia inteligencia en la puerta. Separan a las personas en dos categorías. De un lado colocan a quienes son inteligentes, lógicos, razonables y bien educados. ¿Por otro lado? Gente de fe. La implicación es que los creyentes son poco inteligentes, ilógicos, irracionales y sin educación. Esto es falso. Recuerde, la Iglesia siempre ha creído que debemos emplear nuestro intelecto y razón y siempre ha estado a la vanguardia de la educación superior. ¡Dios nos dio la razón para una razón!

En segundo lugar, algunos dicen que la fe es ciega. Una vez escuché a un locutor de deportes hablar de un equipo de fútbol que realmente estaba luchando. El entrenador había dicho que creía que el equipo daría un nuevo giro pronto y tendría una gran temporada, aunque de manera realista eso era imposible. El locutor concluyó: "Supongo que eso es la fe. La fe es creer en ausencia de evidencia".

Absolutamente no. La "creencia" de ese entrenador en ausencia de evidencia no era más que una fantasía. Fue ciego, ilógico e irracional, y eso no es fe. Como enseña la Iglesia, la fe no es ciega, sino que es *una forma* de conocer y una forma de ver. De hecho, *no tener* fe es estar ciego. No tener el poder del Espíritu Santo vivo dentro de nosotros es no poder ver la realidad como es.

En tercer lugar, la fe no contradice la razón o la ciencia. Como escribió el Papa San Juan Pablo II en *Fides et Ratio*, fe y razón son dos formas de buscar lo mismo: la verdad (1). La verdad no es una cosa ni un teorema. La verdad es una persona. Como dice Jesús, "Yo soy el camino, la verdad y la vida" (Juan 14, 6). Por tanto, fe y razón (o fe y ciencia) son formas complementarias de comprender la realidad y llegar al conocimiento. La fe sin razón es simplemente superstición o, como mencioné anteriormente, fantasía. Eso es peligroso, sin duda, pero no tanto como la razón sin fe, que, como señaló el Papa San Juan Pablo II en *Fides et Ratio*, conduce al nihilismo y al relativismo (46).

Un último punto sobre lo que no es la fe: la fe no es el mero asentimiento intelectual de que hay un Dios. Como nos recuerda la Carta de Santiago, "hasta los demonios creen" (2, 19). Simplemente reconocer, "Sí, creo que Dios es real" no es fe. Las relaciones requieren más que un mero asentimiento intelectual a la existencia de la otra persona.

Entonces, ¿qué es la fe? En las palabras de un sacerdote amigo y mentor que ya falleció, la fe es esto: inclinarse tanto hacia Dios que, si él no estuviera allí, caerías. En otras palabras, la fe es una conexión personal y sincera con Dios, una conexión que involucra toda mi vida. No le doy simplemente partes de mi vida a Dios; me esfuerzo por llevar toda mi vida a esta entrega personal a Jesús. Otra forma en que mi amigo describió la fe fue como la obra de Dios en mí a la que respondo. Siempre he amado esa definición.

La fe es ante todo un don. Ese don es la obra de Dios en mí; es el Espíritu Santo, quien me permite ver más que solo los datos históricos sobre Jesús. Ese don me lleva al punto de entender que Jesús es Dios y que dio su vida por mí. Y la continuación de la definición de mi amigo es que mi nuevo entendimiento, esa conexión personal y sincera, es algo a lo que *tengo que* responder. ¿Cómo no lo haría?

Y eso es en lo que ahora nos estamos centrando. Pregúntate: "¿Cuál es la respuesta razonable, lógica e inteligente a un Dios que es tan grandioso que creó un universo de cuarenta y seis mil millones de años luz de diámetro?" ¿Un Dios considerado grande no solo por la magnitud de su creación sino también por su *amor*? Es un Dios que ama tan profundamente que se humilló a sí mismo para hacerse carne, se disfrazó para ir a la batalla, ató al fuerte, aplastó los poderes del pecado y la muerte, dio su vida por nosotros y se levantó de entre los muertos, que ahora está preparando un lugar para ti y para mí y volverá para crear un cielo y una tierra nuevos. ¿Cuál es la respuesta razonable a un Dios que hace todo eso?

¿No es para darle todo?

Así es como el *Catecismo de la Iglesia Católica* describe la fe:

Por la fe, el hombre somete completamente su inteligencia y su voluntad a Dios. Con todo su ser, el hombre da su asentimiento a Dios que revela (cf. *DV* 5). La sagrada Escritura llama «obediencia de la fe» a esta respuesta del hombre a Dios que revela (cf. Romanos 1,5; 16,26). (143)

Esta respuesta es una batalla continua, por supuesto, para todos nosotros. Diariamente tengo que someter mi voluntad a Dios. Mi experiencia personal y pastoral en el cuidado de muchas personas es que se dan dos conversiones en la mayoría de nosotros. Hay una conversión del intelecto y una conversión de la voluntad. A menudo, hay muchos años de diferencia entre ellas. Es fácil para mi mente entregarse a Dios: comprender la verdad sobre él. Es mucho más difícil entregar mi *voluntad* a Dios. Es una lucha diaria. En la Carta a los Romanos, San Pablo nos anima a ofrecer nuestro cuerpo "en sacrificio vivo" a Dios (12, 1). Se observa que comúnmente el problema con un sacrificio vivo es que sigue arrastrándose fuera del altar.

Todos los días debo arrastrarme deliberadamente de regreso al altar y decir: "Señor, aquí estoy. Confío en ti; ayúdame a confiar más en ti. Te quiero; ayúdame a amarte más. Me entrego a ti; ayúdame a entregarme más a ti. Porque sé que nadie me ama como tú, y nadie merece mi confianza como tú. Ayúdame a dártelo todo de *nuevo*".

Como dice el Catecismo, "La fe es ante todo una *adhesión personal del hombre a Dios*" (150). *Personal*. No es meramente intelectual y no es simplemente una "parte" de mí. Es todo mi ser. Y el modelo de fe es María. A menudo me ha impresionado la increíble intuición de los artistas que han pintado la Anunciación (ese momento en el que Dios invitó a María a decir sí a su invitación de ser la madre de su Hijo unigénito). La mayoría ha descrito a María leyendo las Escrituras. ¿Alguna vez te has preguntado qué le permitió a María responder como lo hizo, al decirle al arcángel Gabriel: "He aquí la esclava del Señor; hágase en mí según tu palabra" (Lucas 1, 38)? De manera más coloquial, dijo: "Soy completamente tuya, Dios. Haz conmigo lo que tú quieras". Ciertamente, fue concebida sin pecado, por lo que es fácil decir con desdén: "Bueno, debe haber sido fácil para ella". Pero Eva también fue concebida sin pecado, y no fue tan fácil para ella. La Iglesia siempre ha visto a María como la nueva Eva, así que comparémoslas.

¿Quién era Eva? Eva fue concebida inmaculadamente, creada sin pecado. Estaba comprometida con un hombre y fue visitada por un ángel. Después de la visita del ángel caído, Eva desobedeció a Dios, y el resultado de su desobediencia fue la muerte de la raza humana.

¿Quién es María? María también fue concebida sin pecado, desposada con un hombre y visitada por un ángel que le entregó un mensaje. A diferencia de Eva, María fue obediente al mensaje y el resultado es *vida* para la raza humana. Entonces, ¿qué le permitió a María decir que sí? No hay una respuesta definitiva, pero esto es lo que pienso. Esos pintores tenían razón. María pudo entregarse a Dios porque conocía la palabra de Dios. Ella vio su fidelidad al pacto que había hecho desde Adán y Eva. Incluso en el día de la rebelión de nuestros primeros padres, Dios prometió que pondría enemistad entre la mujer y su descendencia y la serpiente y su descendencia. Prometió que el pecado, la muerte y la serpiente no tendrían la última palabra. Esa era la promesa del evangelio, y María estaba familiarizada con todas las historias (lo que ahora conocemos como el Antiguo Testamento) de las promesas de Dios y las interacciones con su pueblo. Y porque había visto su fidelidad, amor y misericordia, cuando llegó Gabriel, pudo entregarse.

Así que pidamos a María que nos ayude a conocer más claramente a su Hijo, Jesús, y que nos ayude a conocer la fidelidad de Dios Padre *más* claramente. Pídele a María que ore por ti, que te ayude a ver y entender que él es un buen Padre que nos ama más allá de todo lo que se puede decir y que su Hijo es un sumo sacerdote misericordioso y fiel que nos llama hermanos y hermanas, que incluso ahora intercede por nosotros ante el trono de ese buen Padre.

CAPÍTULO 16

La respuesta de misión

Ahora que sabemos que somos receptores del evangelio y respondemos personalmente a través de la adoración, la alabanza, el agradecimiento y la entrega, pasemos a la otra faceta de nuestra respuesta: nuestro llamado a ser un agente para compartir el evangelio. Esta es la gran Comisión dada al final del Evangelio de Mateo:

> Acercándose, Jesús les dijo: «Yo he recibido todo poder en el cielo y en la tierra. Vayan, y hagan que todos los pueblos sean mis discípulos, bautizándolos en el nombre del Padre y del Hijo y del Espíritu Santo, y enseñándoles a cumplir todo lo que yo les he mandado. Y yo estaré siempre con ustedes hasta el fin del mundo». (28, 18-20)

Con esto, Jesús nos comisionó a todos, no solo a sus apóstoles, sino *a todos nosotros*, a ser heraldos del evangelio. Dios no se hizo hombre, entregó su vida, ató al hombre fuerte y aplastó los poderes del pecado y la muerte para que solo un puñado de personas lo supiera. Dios desea que todos sepan del rescate porque desea que todos se salven. Pero ¿cómo pueden los demás creer en él y entregarse a él si no se enteran de él? Solo oirán si se envían heraldos. Dios nos está enviando a un mundo en pánico, miedo y ansiedad porque no lo conoce. El mundo ni siquiera sabe que *hay* un Dios, mucho menos que es un buen Padre que ha hecho algo con el lío en el que estamos metidos. Es el trabajo del heraldo hacer saber a la gente que hay razones para tener una confianza inquebrantable en Jesús.

¿Recuerdas la forma sencilla de compartir el evangelio? Cuatro palabras:

Creado
Capturado
Rescatado
Respuesta

Los heraldos toman estas cuatro palabras y las usan para contar la historia de Dios de una manera que es única para ellos y las circunstancias de su vida, mientras mantienen estos cuatro componentes básicos en mente. Como heraldos, compartimos la noticia de la "proclamación ardiente inicial" del evangelio que nos lleva a entregarnos a Jesús en la fe, y al hacerlo, como sucede tan a menudo cuando lo comparto, conmover a alguien hasta el llanto y provocar la respuesta: "Ese no es el Dios que conocí cuando era niño. Dime más."

Al hacerlo, estamos siendo fieles a la parte de "misión" de nuestra respuesta. Estamos llamados a ser agentes activos en la misión de liberación o rescate que Jesús realizó por nosotros. En otras palabras, la resurrección de Jesús y su derramamiento del Espíritu

Santo sobre nosotros no solo inició el proceso de transformación en *nuestras* vidas, sino que también es el medio por el cual este proceso de transformación puede continuar en las vidas de otros.

Una forma de pensar en esto es recordar al traficante del que hablamos en el capítulo 8. Imagínate de nuevo que eres la víctima que acaba de ser rescatada. Si fueras la única prisionera, te irías con tu salvador, agradecida por tu libertad, sin mirar atrás. Pero ¿y si hubiera otras mujeres allí? También querrías que las rescataran. Tu primera respuesta —agradecer y elogiar a tu salvador por lo que ha hecho por ti— daría lugar al siguiente paso: cómo rescatar a esas otras mujeres. ¿Qué puedes hacer tú, junto con el que te salvó, para sacar a todos?

Otra forma útil de entender nuestro llamado a la misión es a través de un pasaje en el primer capítulo de los Hechos de los Apóstoles. De hecho, hay una escena que encuentro bastante cómica. Mientras los apóstoles ven a Jesús ascender al cielo, dos hombres que en realidad son ángeles aparecen a sus lados. En Hechos 1, 11, los ángeles dicen: "Hombres de Galilea, ¿por qué siguen mirando al cielo?" Me imagino a esos ángeles mirando a los apóstoles —que están mirando los cielos incluso después de que han perdido de vista a Jesús— sacudiendo la cabeza, estupefactos por lo inertes que son los apóstoles y tocándoles el hombro. "Hola, muchachos", me imagino que dicen, "¿por qué están perdiendo el tiempo mirando al cielo? Vamos, tienen cosas que hacer. Salgan y *pongan manos a la obra*".

Como nos recuerda con frecuencia el erudito bíblico N. T. Wright, el mensaje de la Pascua no es que Jesús haya resucitado y, por lo tanto, nosotros también lo haremos algún día. *¡Esa no es* la proclamación pascual de los evangelios! Es mucho más. El anuncio de Pascua es que "Jesús ha resucitado. Hay *mucho que hacer* para ti y para mí."

¿Cómo debemos entender eso? El punto más destacado es que la Pascua es el *comienzo* de la creación nueva de todas las cosas. Por supuesto, esto solo sucederá completamente cuando Jesús regrese en gloria. Como dice en el Apocalipsis, "Yo hago nuevas todas las cosas" (21, 5). Eso es lo que comenzó el domingo de Pascua, y lo hará plenamente un día cuando el legítimo Rey regrese a esta tierra. Pero incluso ahora, tú y yo estamos llamados a trabajar y construir el reino en cada esfera de nuestras vidas: nuestros matrimonios, nuestras familias y amistades, la educación, el sistema judicial, la atención médica, las instituciones, cada estructura que tocamos o de la que somos parte, todo para la gloria de Dios. Eso puede parecer una quimera, más allá de lo que podríamos esperar razonablemente que cualquier individuo o incluso la Iglesia pudiera hacer, ¡pero no es un mero sueño!

La prueba de que podemos correr una carrera asombrosa desde una posición de partida aparentemente imposible y humilde es evidente en la Iglesia primitiva, así que echemos un vistazo a la historia de la Iglesia, que es realmente nuestra historia familiar colectiva.

Nuestro álbum familiar del recuerdo: conocer nuestra historia, conocer el relato

¿Te intriga la genealogía? A mí sí. Mi hermana mayor es una genealogista aficionada y ha estado recopilando datos sobre nuestra familia que, en algunos casos, se remontan al siglo XVI. Ha sido fascinante para mí aprender sobre partes y partes de mi árbol genealógico. Mientras que algunas ramas han sido alentadoras y esperanzadoras, otras han sido francamente escandalosas, pero siempre intrigantes.

Como cristianos, también necesitamos conocer nuestra historia familiar. Pentecostés —cuando el Espíritu Santo descendió sobre los apóstoles y María y luego los envió a compartir el evangelio con otros— se considera el "nacimiento" de la Iglesia. Algo completamente nuevo sucedió. Estos hombres que antes habían sido tímidos, temerosos e incluso cobardes, que habían abandonado a Jesús en lo que parecía ser "el fin", ahora estaban literalmente empoderados con un espíritu divino. Fueron transformados radicalmente, capacitados para salir al mundo para proclamar a los demás lo que Dios había hecho por ellos y lo que quiere hacer por los demás. ¿Por qué? Porque Dios quiere usarnos a nosotros, su familia, como el medio por el cual la obra de Jesús, la liberación que Él logró por nosotros, llegará hasta los confines de la tierra.

Dios podría haber elegido hacer esto sin tu ayuda ni la mía, pero por alguna razón, no lo hizo. *Quiere* usarnos. Ponderar el cómo Dios usó el nacimiento de la Iglesia para comisionar a los primeros apóstoles —un pequeño grupo de seguidores— ofrece una tremenda esperanza y aliento acerca de cómo nos encomienda hoy.

A principios de los noventa, tuve la suerte de estudiar en Roma durante cuatro años. Caminaba habitualmente hasta el Coliseo, y una de mis áreas favoritas era una pared de mapas que mostraba el crecimiento y la expansión del Imperio Romano desde el siglo VIII a. C. hasta su apogeo en el 117 d. C. Fue sobrecogedor ver el vasto, enorme poder e influencia de Roma, que era una ciudad que tenía poca probabilidad de convertirse en el centro del mundo. No había nada espectacular ni extraordinario en Roma, ni sus recursos naturales ni el clima; de hecho, durante cientos de años sufrieron de una malaria galopante. ¿Cómo se convirtió este pequeño pueblo de chozas en el centro del mundo? Creció por una variedad de razones, pero principalmente por la legión romana, el ejército más poderoso del mundo. En otras palabras, creció a través de la fuerza y la violencia. La codicia por la tierra, los recursos, la riqueza y los esclavos alimentó a la legión mientras se desplegaba y conquistaba tierras extranjeras.

Y ahora imaginemos otro mapa: la propagación del cristianismo desde su nacimiento en Pentecostés hasta finales del siglo IV. Como Roma, Jerusalén era una candidata poco probable para convertirse en el centro de un movimiento mundial. Tengo la suerte de haber ido a la Tierra Santa varias veces, pero si no sabes que es la Tierra Santa, es posible que simplemente la veas como un pequeño pueblecito insignificante atrapado en el desierto. Y, sin embargo, desde ese lugar poco probable, la Iglesia creció y se extendió como un incendio forestal. Y esto es lo increíble y significativo de eso: desde el año 64 d. C., cuando comenzó la persecución de los cristianos por Nerón, hasta el año 312 d. C., oficialmente se prohibió ser cristiano en el Imperio Romano. El cristianismo, despreciado por superstición, era ilegal. Durante estos 250 años de crecimiento, incluso hubo algunos períodos durante los cuales el emperador emitió una orden de que los obispos, sacerdotes y diáconos fueran asesinados a plena luz. Y, sin embargo, el cristianismo creció y se extendió como una poderosa fuerza con la que no se contaba.

¿Cómo y por qué creció la Iglesia, nuestra familia? A diferencia del Imperio Romano, no fue por la fuerza y la violencia. El cristianismo creció porque los cristianos se desplegaron desde Jerusalén para difundir la palabra acerca de Jesús, quien los había sobrecogido al ser crucificado y resucitando de entre los muertos. Y aquí hay una observación simple, pero a menudo no reconocida: antes de este tiempo, no existía el trabajo misionero. Los paganos no viajaban a tierras extranjeras para pasar la voz sobre Zeus o Apolo. Puede que hayan hablado de sus dioses, pero no partían de casa con la intención de compartir sus creencias. Los cristianos lo hicieron. ¿Por qué? Los historiadores revisionistas podrían decir que la evangelización es siempre un intento de colonizar naciones y, trágicamente, eso podría haber sucedido mucho más tarde en la historia. Pero los primeros misioneros no estaban haciendo eso. Eran una banda pequeña y perseguida, entonces, ¿por qué salir de casa? ¿Por qué ir a tierras extranjeras donde tenían que aprender nuevos idiomas? ¿Cuál fue su agenda? Simplemente esto: libertad, liberación, misericordia y amor.

Estaban ansiosos por decirles a todos los que conocían que el naufragio del mundo había terminado porque alguien había hecho algo con respecto a la muerte y al pecado. Ellos mismos habían experimentado esto y querían que todos los que conocían también lo experimentaran. Pero el cristianismo no creció solo a través de las palabras de los primeros cristianos. Creció principalmente por el testimonio de sus vidas y el impacto que tuvo el evangelio en toda la cultura, un impacto que hizo todo más humano.

La vida cristiana era clara y radicalmente diferente de la vida en el Imperio Romano. En un mundo lleno de desesperación, la vida cristiana era esperanzadora y alegre, marcada por un amor intenso y revolucionario que se manifestaba en la acción. Esa evidencia *en acción*, no solo en palabras, fue vital para el crecimiento de la Iglesia primitiva. Propongo que, una vez más, es vital en nuestros días.

Cuando era párroco, tuve la suerte de tener una escuela parroquial, a menudo pasaba tiempo en las aulas. Un día, los estudiantes estaban teniendo debates y uno de ellos era sobre Jesús. Hablé con uno de los estudiantes más tarde y tenía un montón de preguntas, la mayoría de las cuales se reducían a esto: "¿Cuáles son las razones para creer que Jesús es el Hijo de Dios?" Esa es una excelente pregunta. Como cristianos, ciertamente debemos ofrecer respuestas a esa pregunta. Una respuesta es que la única explicación históricamente plausible para el crecimiento del cristianismo es que Jesús de Nazaret, quien fue conocido por ser crucificado, muerto y enterrado, fue visto más tarde en cuerpo —de pie, resucitado y caminando— por varias personas en múltiples ocasiones. Fue visto por muchos que no eran sus discípulos, incluido un hombre llamado Saulo. Hay muchos recursos excelentes para ayudarnos a comprender por qué la resurrección es históricamente creíble, y si desea ver el cristianismo a través de la lente de la razón, ese es sin duda un punto de partida.

Pero aquí está el desafío: uno no se convierte en cristiano solo con el uso de la razón. Por importante que sea el intelecto, no "pensamos en nuestro camino" hacia la fe porque el cristianismo no es principalmente una cuestión de debate intelectual. La Iglesia primitiva creció y la Iglesia continúa creciendo cuando las personas se ven impactadas por el testimonio de vidas genuinamente cristianas: vidas que son radicalmente diferentes, vidas que conducen a cambios profundos en la cultura y vidas que, como se informa en Hechos de los Apóstoles, voltearon al mundo de cabeza. *Eso* es lo que la gente decía sobre la Iglesia primitiva: "Estas personas están poniendo al mundo de cabeza".

La Iglesia primitiva, nuestra familia, creció transformando radicalmente la cultura que la rodeaba. Los primeros cristianos imbuyeron la vida diaria con el poder del evangelio, haciendo que todo lo relacionado con él fuera nuevo y más humano. Lamentablemente, muchas personas hoy escuchan la palabra "cristiano" y piensan en "represivo" o "restrictivo". Pero si el cristianismo no fuera más que un régimen represivo, ¿cómo habría crecido como lo hizo sin violencia y coacción? Necesitamos desesperadamente volver a aprender nuestra historia familiar, que es la historia de corazones que se han transformado radicalmente.

Signos de fe

Una vez leí una historia sobre un ateo que llegó a la fe a través del testimonio de cristianos que vivían vidas radicalmente cambiadas. Este hombre se fue a trabajar entre los más pobres de los pobres en zonas violentas y plagadas de delitos. Evangelizó en los barrios bajos, trabajando con capos de la droga, prostitutas, proxenetas y pandilleros rivales. Comenzaron a tener lugar conversiones increíbles: sanación, reconciliación y otros acontecimientos extraordinarios. De alguna manera, el cardenal arzobispo de la ciudad se enteró, lo llamó y le preguntó: "¿Cómo estás haciendo lo que estás haciendo?" El hombre dijo: "A través de mi propia vida y conversión, llegué a estar convencido de que la gente necesita 'signos de fe' que no requieren fe".

¿Qué son "los 'signos de fe' que no requieren fe"? Como este hombre sabía, son las acciones, los sacrificios, el amor y los milagros los que cambian la vida. Estas son cosas que los no creyentes presencian, y cuando lo hacen, incluso si no creen en Dios, en el fondo comprenden de alguna manera que solo Dios puede permitir que tales cosas sucedan. Esto es lo que sucedió en la Iglesia primitiva. Las personas vieron signos de fe que no requerían fe y, aunque todavía no creían en el Dios de Jesucristo, sabían que solo Dios podía estar detrás de esos signos.

Veamos algunos de esos primeros signos de fe. *Primero fue el cuidado de los enfermos*. En la antigüedad, si estallaba una plaga o una epidemia, y sobre todo si contabas con los medios económicos, te dirigías a tu villa en la montaña o al mar o dondequiera que pudieras ir para protegerte. Nadie pensó en apresurarse a cuidar de los enfermos, especialmente si no había parientes y, menos aún, si eso significaba que tú mismo podrías enfermarte o morir. Nadie lo hizo hasta que lo hicieron los cristianos. Los cristianos se preocupaban unos por otros, por aquellos con quienes no estaban relacionados y por aquellos que no eran cristianos. Lo hicieron por amor, teniendo en cuenta el mandamiento de Jesús de amarse unos a otros como él nos amó.

Un segundo signo de fe es el cuidado de los pobres. Tres veces en el Nuevo Testamento, San Pablo habla de una colecta para los cristianos judíos en Jerusalén por cristianos gentiles en otros países. No pensamos dos veces en estas cosas en estos días. Si vas a la iglesia, hay una colecta en cada misa y, a veces, hay dos o incluso tres. Pero antes de los primeros cristianos, nadie había hecho una colecta en una parte del mundo para los extranjeros afligidos y no relacionados en otra parte del mundo, especialmente no había gentiles que donaran a los judíos el dinero que tanto les había costado ganar para *sí mismos*. Era algo inaudito, pero de repente, debido al Evangelio, otros seres humanos eran tu *familia*, así que los ayudabas, incluso a un gran costo personal.

Aquí hay otro signo asombroso de fe: las mujeres. Según un sociólogo, la principal razón sociológica de la expansión del cristianismo en los primeros siglos fueron las mujeres. Las mujeres acudieron en masa a la Iglesia, aunque esa no es exactamente la narrativa que escuchamos hoy. El Imperio Romano, como la mayor parte del mundo antiguo, veía a las mujeres aptas para un propósito: producir ciudadanos y soldados. Las mujeres eran consideradas intelectual y físicamente inferiores a los hombres, las esposas eran compartidas regularmente por sus maridos romanos y los niños eran expuestos o abortados rutinariamente por el *pater familias* (el cabeza de familia masculino). Pero el evangelio de Jesucristo trajo algo revolucionario a la relación entre los sexos. Puso esa relación de cabeza, del mismo modo que estaba poniendo al mundo entero de cabeza. El evangelio transformó la relación entre hombres y las mujeres a través del entendimiento de que ambos fueron creados a imagen y semejanza de Dios, ambos son redimidos por la preciosa sangre de Jesús, y ambos, aunque claramente diferentes entre sí, son absoluta y radicalmente iguales en dignidad.

Pero a los ojos de ese exateo que habló con su cardenal arzobispo, los dos mayores "'signos de fe" que no requieren fe' son la *unidad* y el *perdón*. La Iglesia primitiva creció al demostrar estas dos cosas de manera abundante e inequívoca.

¿Qué entendemos por unidad? Judíos y gentiles, antes enemigos odiados, comenzaron a llamarse hermano y hermana. Cuando Pedro entró en la casa de Cornelio, un gentil, seguramente fue la primera vez que entró en la casa de alguien que no era judío (ver Hechos 10). Imagínense lo radical que fue ese pasaje de la Escritura para sus contemporáneos. Las enseñanzas judías de la época decían: "Sepárense de los gentiles y no coman con ellos y no hagan obras como las de ellos y no se asocien con ellos porque sus obras son profanadas y todos sus caminos son contaminados y despreciables y abominables". Y, sin embargo, Pedro —obligado por el mandamiento de Jesús de amar, consciente del deseo de Dios de recuperar su mundo y listo para difundir el mensaje liberador y vivificante del evangelio— entra en la casa de un gentil de todos modos. Pedro llevó la buena nueva a Cornelio y a su casa. Él era un heredero del evangelio para quien quisiera escuchar, judío o gentil.

Finalmente, veamos el perdón. A menudo se dice que el perdón es una de las cosas más difíciles de hacer en la vida. El perdón no solo es difícil; el perdón es imposible, al menos por nosotros mismos. Dejado a mi propia manera de pensar, todo dentro de mí clama para que pague quien me hizo sufrir de niño. Si crees que la enseñanza de Jesús de amar a tus enemigos es un pasaje pequeño y maravilloso, entonces nunca has tenido un enemigo. Pero si alguien te ha lastimado mental o físicamente, destruido tu reputación o te ha infligido algún tipo de dolor o daño, entonces sabes que el perdón no es algo natural. Pero los primeros cristianos fueron modelos extraordinarios de perdón. Piensa en San Pablo. Uno de los factores que debió ablandar el corazón de Pablo (y también lo provocó al extremo antes de encontrarse con Jesús resucitado en el camino a Damasco) fue su experiencia con Esteban. Mientras Esteban era apedreado hasta la muerte, una sentencia de la que Saulo era al menos en parte responsable, Saulo lo escuchó orar: "Padre, perdónalos". *¿Quién hace* cosas como esta? Y, sin embargo, los mártires cristianos no solo no se quejaron cuando los estaban ejecutando, sino que *rezaron por quienes los estaban matando*. Su testimonio puso al mundo totalmente de cabeza.

La Iglesia primitiva entendió que el cristianismo es algo más que el autodescubrimiento interno y la devoción privada, por importantes que sean esos aspectos. También se trata del testimonio público y el rescate. Un amigo mío suele decir: "Las personas rescatadas rescatan a las personas". Cuando alguien experimenta la transformación radical que trae Jesús, no puede evitar hacer todo lo posible para compartir el mensaje del evangelio con los demás, de persona a persona, y para transformar instituciones, estructuras y todo lo demás que encuentra para ayudar a que Dios recupere su mundo.

Por supuesto, hacer eso va a provocar hostilidad porque todavía hay muchas personas que reconocen a señores otros que Jesús. Pero los primeros cristianos intrépidos se dispusieron, armados de *amor*, a rescatar a otros, y nosotros debemos hacer lo mismo. Y es vital que avancemos con amor porque el enemigo no es "el otro", como sea que lo hayamos definido, ya sea otro partido político, raza o género. El enemigo es el enemigo. Así que respondamos a la misión que Dios nos ha dado. Estemos ansiosos por hacer todo lo posible para compartir el mensaje liberador y vivificante del evangelio para que todas las personas puedan experimentar la libertad que proviene de conocer a Jesús.

CAPÍTULO 17

Ayudando a Dios a recuperar su mundo

Aun cuando quisiéramos compartir el mensaje del evangelio, usualmente nos volvemos a preguntar: *¿Cómo hacerlo realmente en nuestra vida diaria? ¿Y cómo se daría?*

Recientemente estaba hablando con un juez que me había escuchado hablar sobre este tema. Él rutinariamente tiene que sentenciar a las personas que han cometido delitos graves y violentos, y preguntó: "¿Cómo puedo ser un agente de transformación en mi rol, desde el tribunal, dado que realmente no puedo mencionar el nombre de Jesús?" Mientras lo discutimos más a fondo, dijo: "Cuando estoy sentenciando a alguien, a sus ojos estoy actuando en un papel parecido al de Dios, juzgándolo y 'determinando' su futuro, ¿verdad? Pero ¿y si hiciera algo como esto? Si, por ejemplo, debo sentenciar a alguien por asesinato, podría decir: 'Hay consecuencias por lo que has hecho. Vas a ir a prisión por las decisiones que tomaste, pero ten en cuenta esto: estas decisiones no te definen; no son quien tú eres. No estás atorado. Tú puedes cambiar. Puedes convertirte en un ser humano verdaderamente grandioso'.

¿Es esto lo de que de alguna manera estás hablando? ¿Es así como puedo intentar transformar las cosas dentro de mi esfera de influencia, dentro de mi profesión? ¿Es así como puedo actuar de una manera que ayude a Dios a recuperar su mundo?"

Le dije: "Sí, así es exactamente como hacemos estas cosas".

Aquí hay otro ejemplo de la vida de mis padres. Mi abuelo materno abandonó a su familia, causando un dolor terrible a mi madre, sus hermanos y mi abuela. El abandono fue tan doloroso que mi mamá ni siquiera habló con mi abuelo durante muchos años. No lo invitó a su boda y, aunque le envió regalos, los devolvió todos sin abrir. A mi padre le tomaron muchos años y mucho trabajo facilitar la curación y la reconciliación entre mi madre y su padre, pero finalmente llegó. De hecho, mi mamá incluso terminó cuidando a mi abuelo en sus últimos años.

Cuando mis padres se casaron, mi padre se enteró del tremendo peso del dolor que soportaba mi mamá. Sabía que ella sentía no solo el dolor del abandono por parte de su padre, sino también los efectos residuales de ese dolor, como no sentirse amada y sentirse rechazada, incluso pensando que quizás ella era la causa del abandono. Mi papá sabía lo suficiente sobre el matrimonio para entender que Dios lo había traído a la vida de mi mamá como un medio por el cual ese dolor podía curarse. Y así, mi padre, a pesar de todas sus deficiencias, vivió una de las vidas más heroicas que jamás haya visto. Fue un hombre de negocios extraordinariamente exitoso, pero siempre dijo que las prioridades en la vida son simplemente estas: Dios, la familia, y el trabajo. Siempre en ese orden. En un momento, mi padre estaba en negociaciones para salvar su empresa y tenía reuniones fuera de la ciudad todos los días. Habría sido más fácil para él vivir fuera de ciudad, pero no lo hizo.

En cambio, todas las noches, papá volaba a casa después de agotadoras reuniones, se despertaba temprano a la mañana siguiente, oraba y luego se subía a un avión para hacerlo todo de nuevo. Hizo esto durante más de un mes, y lo hizo por una razón: estar con mi mamá todas las noches para que sus heridas de abandono no se abrieran de nuevo.

Podría decir tantas cosas sobre el extraordinario amor que mi papá tenía por mi mamá (y viceversa), pero nunca podría decirlo mejor que mi madre. Papá falleció unos años antes que mi mamá, y en su funeral, mi mamá dijo algo que nunca olvidaré. Todos estaban sentados, excepto mi mamá y yo. Estaba en su silla de ruedas, mirando el ataúd de mi papá, y no le dijo a nadie más que a mi papá: "Cariño, gracias a ti, sé quién es Dios".

Por su bondad, paciencia, mansedumbre, fidelidad, generosidad, compasión, longanimidad y sobre todo amor, hizo a Dios tangible y presente para mi madre. Cada vez más, desde que escuché esas palabras hace varios años, he pensado: "Ese es el único sentido del matrimonio". Para aquellos de ustedes que están casados, esa es una forma de comenzar, en términos de transformar una estructura para que entre en armonía con el plan original de Dios Padre. Ayuda a Dios a recuperar su mundo simplemente comenzando con tu matrimonio. Pregúntale al Señor: "Úsame concretamente hoy como agente de transformación. Haz que mi matrimonio esté cada vez más en armonía con tu plan". Puede hacer lo mismo con sus amistades, su paternidad, sus colegas y su trabajo. Haz a Dios tangible y presente para los demás, una acción y un día a la vez.

Una súplica

Antes de cerrar esta sección, tengo una petición para mis hermanos sacerdotes y diáconos (e incluso para los obispos, si puedo ser tan valiente). Es simplemente esto: haz tiempo todos los años en la misa para predicar lo que aquí llamamos "La Historia".

Imagínate preguntarles a los que están en la misa un domingo cualquiera: "¿Cuántos de ustedes se han sentido sobrecogidos por el evangelio? ¿Y cuántos de ustedes han tomado la decisión de entregarse en fe a Jesús?" ¿Cuántas manos se levantarán? No las suficientes. Nuestros rebaños, las personas de cuyas almas somos responsables, simplemente no escuchan la totalidad del evangelio predicado en la Misa con claridad o con la suficiente frecuencia.

En muchas áreas de la vida, nos tomamos el tiempo para repasar una variedad de cosas, pero rara vez repasamos el evangelio en la Iglesia. Sugiero que cada parroquia, al menos una vez al año, dedique al menos cuatro semanas a predicar el evangelio de una manera poderosa y convincente. Pide al Espíritu Santo que derrame una unción sobre quien está predicando para que el corazón de la gente pueda ser sobrecogido por el poder del evangelio y para que puedan tomar la decisión (ya sea de nuevo o por primera vez) ellos mismos de entregarse a Jesús.

Prácticamente hablando, ¿cómo podría darse eso? Podría suceder al comienzo del año escolar o durante la temporada de Adviento o cada mes de enero, pero en cualquier momento que elijas, reserva cuatro domingos consecutivos en los que, además de proclamar el leccionario, simplemente predicas el kerygma. Ayuda a las personas a comprender por qué estás haciendo lo que estás haciendo. Hazles saber que entiendes que es difícil ir a misa, escuchar las Escrituras, y entender cómo se aplican a la vida de uno si no conocen primero La Historia. Nuestra gente necesita escuchar la historia de quién es Dios, por qué nos creó, por qué todo es un desastre, qué ha hecho Dios al respecto y luego, y solo entonces, cómo deben responder.

La primera reunión del comité de evangelización

Es tan fácil sentirse derrotado como cristiano, ver el mundo y toda su miseria y pensar: *¿De qué sirve? ¿Cómo puedo lograr tener impacto? ¿Cómo podríamos ser como la Iglesia primitiva y poner el mundo de cabeza?* Todo parece ir demasiado lejos, pero eso no es realmente cierto. Vale la pena recordarnos a nosotros mismos que *el evangelio es poder*, que las vidas *pueden* cambiar. Los obstáculos que parecen insuperables pueden eliminarse y pueden suceder cosas que parecen imposibles.

Un libro publicado recientemente captura esta línea de pensamiento al animarnos a considerar a los apóstoles en el Cenáculo en la primera reunión del comité de evangelización poco después de que Jesús ascendió.[38] Todos están sentados alrededor de una gran mesa, y alguien sugiere que revisen la agenda, que es llevar el evangelio de Jesús al mundo. Sus recursos:

Obispos: once
Sacerdotes: mismo número
Diáconos: ninguno
Teólogos capacitados: ninguno
Órdenes religiosas: ninguna
Seminaristas: ninguno
Seminarios: ninguno

Creyentes cristianos: algunos cientos
Países con cristianos en ellos: uno
Edificios de la Iglesia: ninguno
Escuelas y universidades: ninguna
Evangelios escritos: ninguno
Dinero: muy poco
Experiencia en misiones extranjeras: ninguna
Contactos influyentes en lugares altos: casi ninguno
Actitud social hacia nosotros: varía, de ignorante a hostil

Habría sido fácil para los apóstoles sentirse abrumados por el desánimo. Enfrentaron crisis en todos los sentidos: vocacional, financiera, catequética, educativa y numérica. Pero no se desanimaron; se llenaron de alegría y esperanza. Tenían gran confianza en su Señor, en su mensaje y en la creatividad y fertilidad de la Iglesia. Sabían que su tarea era dejar que el Espíritu Santo los usara para hacer crecer a la Iglesia. Conocían los medios llenos de gracia por los que iba a crecer. Y la hizo crecer. Como dice mi amiga, la Iglesia de hoy necesita la misma confianza en el poder, la bondad y la potencia transformadora del mensaje que lleva y en el poder de regeneración y crecimiento de la Iglesia. Aquellos en posiciones de influencia y autoridad necesitan especialmente estar convencidos de que Cristo es la respuesta a todos los males humanos, la solución a todos los problemas humanos y la única esperanza para una raza moribunda. Necesitan estar convencidos de la mala nueva, de que no hay nada que podamos hacer por nuestro propio poder para salvarnos a nosotros mismos, pero necesitan estar igualmente convencidos de la buena nueva, la *extraordinaria* nueva: que Dios en su misericordia ha venido entre nosotros para liberarnos de nuestros pecados y de la esclavitud del diablo. Y que para aquellos que se vuelcan a su verdadera lealtad, la pesadilla de la vida sin Dios puede transformarse en el amanecer de la esperanza en un destino eterno. Necesitan saber, por experiencia propia, que la obediencia al evangelio es perfecta libertad, que la santidad conduce a la felicidad, que un mundo sin Dios es un páramo desolado y que la nueva vida en Cristo transforma las tinieblas en luz.

Dios creó a los apóstoles para que estuvieran vivos en el momento en que Cristo vino entre nosotros. Les dio dones y talentos naturales y sobrenaturales para que no solo encontraran a Jesús personalmente, sino que también le respondieran, fueran al mundo como agentes de sabotaje y transformación, e hicieran todo lo que pudieran para cambiar al mundo. El mismo Dios que destinó a los apóstoles a estar vivos en ese momento nos ha destinado a ti y a mí a estar vivos en este momento. Y así como les dio dones, también nos ha dado a ti y a mí dones naturales y sobrenaturales. Y nos pide no solo que demos una respuesta personal a lo que ha hecho por nosotros en Jesús, sino también que demos una respuesta más amplia. Nos envía en una misión. Quiere que hablemos de él a los demás y que vivamos como agentes activos de la transformación del mundo, haciendo lo que podamos para ponerlo de cabeza.

A menudo, parece que estamos viviendo el capítulo veintinueve de los Hechos de los Apóstoles. En otras palabras, la historia de la Iglesia y del mundo todavía se está escribiendo en este momento. Está siendo escrita por el Espíritu Santo a través de tu vida y la mía.

Y, así de nuevo, con Santa Juana, te digo: No tengas miedo. Dios está contigo. Naciste para esto.

Resumen de la Parte IV: Respuesta

- Lo que Jesús hizo por nosotros nos invita a la gratitud todos los días.
- El rescate de Jesús es algo que yo *recibo* y algo que estoy *llamado a difundir* como agente de sabotaje.
- Nuestra respuesta personal a Jesús es adoración, alabanza, acción de gracias y entrega.
- Nuestra respuesta personal también es más amplia: nos envía a una misión.
- Iniciamos nuestra misión en nuestra propia esfera de influencia (matrimonio, amistades, profesión).
- Necesitamos conocer y comprender La Historia antes de poder compartirla.
- Cristo es la respuesta a todo mal humano; es la solución a todo problema humano.
- Dios está con nosotros mientras tratamos de ayudarlo a recuperar su mundo.

Preguntas para la discusión

1. ¿Considero diariamente lo que Jesús ha hecho por mí?
2. ¿Cómo veo mi fe? ¿Es meramente privada o veo y entiendo la idea de una misión más amplia? ¿He actuado alguna vez como un "agente de sabotaje"?
3. ¿Me asusta la idea de "misión" o "evangelizar"? ¿Por qué o por qué no?
4. ¿Cómo se ve, en mi esfera de influencia, ayudar a Dios a recuperar su mundo?

Notas

1. Fleming Rutledge, *The Crucifixion: Understanding the Death of Jesus Christ* (Grand Rapids, MI: William B. Eerdmans Publishing Company, 2015), 6.
2. https://news.gallup.com/poll/247571/catholics-question-membership-amid-scandal.aspx.
3. Fleming Rutledge, 6.
4. Papa Francisco, Exhortación Apostólica *Evangelii Gaudium* [La Alegría del Evangelio], Noviembre 24, 2013, 165, http://www.vatican.va/content/francesco/es/apost_exhortations/documents/papa-francesco_esortazione-ap_20131124_evangelii-gaudium.html.
5. Papa San Juan Pablo II, Exhortación Apostólica *Catechesi Tradendae* [Catequesis en Nuestro Tiempo], Octubre 16, 1979, 25.
6. Para ser claros, si queremos ser teológica y bíblicamente precisos, quisiéramos agregar la palabra "Israel" entre "Capturado" y "Rescatado". Es importante asegurarnos de que veamos la fidelidad de Dios al plan que comenzó con Abraham y que Jesús es el cumplimiento de todas las promesas que Dios hizo a lo largo del Antiguo Testamento. Sin embargo, por importante que sea, lo dejo para un trabajo futuro y no abordaré ese punto tan importante aquí.
7. Papa San Pablo VI, *Dei Verbum* [CONSTITUCIÓN DOGMÁTICA SOBRE LA DIVINA REVELACIÓN], Noviembre 18, 1965, 11 http://www.vatican.va/archive/hist_councils/ii_vatican_council/documents/vat-ii_const_19651118_dei-verbum_sp.html.
8. *Dei Verbum*, 11.
9. *Dei Verbum*, 12.

10. *Ibid.*
11. *Ibid.*
12. A veces temo que la gente piense en la realidad como algo así como un cómic de Marvel: hay un dios bueno y un dios malo, y los humanos estamos aquí en la tierra en medio de su güerra, animando a que gane el bueno. Ese es un mundo de cómics, no nuestro mundo. La verdad es que el enemigo es una criatura que originalmente fue creada buena, como todo lo demás que existe.
13. *Catecismo,* 391, cf. Concilio de Letrán IV (1215): DS 800.
14. El Papa San Juan Pablo II , Carta Encíclica *Dominum et Vivificantem* [Sobre el Espíritu Santo en la Vida de la Iglesia y del Mundo], Mayo 18, 1986, 37, 38.
15. Entiendo que alternar entre letras mayúsculas y minúsculas para Pecado y Muerte puede resultar muy confuso para algunos de nosotros. ¡Sé que fue para mí cuando por primera vez comencé a entender esto! Pero hacer esto bien es inmensamente importante para comprender la terrible situación en la que se encontraba nuestra raza después de la caída, y por qué el evangelio es una tan extraordinaria nueva. Para la comodidad del lector, los dejaré en minúsculas durante el resto del libro. Sin embargo, necesitamos hacer el trabajo duro, especialmente en las cartas de San Pablo, de tratar de discernir cuándo está hablando del pecado y la muerte como eventos que cometemos o nos suceden, y cuando se refiere a ellos como poderes que han sido derrocados.
16. Fleming Rutledge, *The Undoing of Death* (Grand Rapids, MI: William B. Eerdmans Publishing Company, 2002), 237.
17. Harold Bloom, ed., *Samuel Beckett's Waiting for Godot: A Tragicomedy in Two Acts* (New York, NY: Bloom's Literary Criticism, 2008), 66.
18. William Stringfellow, *Count It All Joy: Reflections on Faith, Doubt, and Temptation Seen through the Letter of James* (Eugene, OR: Wipf and Stock, 1999), 52.

19. Scott Hahn, *Romans: Catholic Commentary on Sacred Scripture* (Grand Rapids, MI: Baker Publishing Group, 2017), 103.
20. Fleming Rutledge, *The Crucifixion*, 368.
21. Benedictus, Oraciones VA, https://www.vaticannews.va/es/oraciones/benedictus.html.
22. C. S. Lewis, *Mere Christianity* (New York, NY: HarperCollins, 2001), 46.
23. F. J. Sheed, *To Know Christ Jesus* (San Francisco, CA: Ignatius Press, 1992).
24. Milton Walsh, *Witness of the Saints: Patristic Readings in the Liturgy of the Hours* (San Francisco, CA: Ignatius Press, 2012), párrafos 425, 466.
25. *Witness of the Saints*, paragraph 307.
26. *The Sacred Writings of St. Irenaeus* (Altenmunster, Alemania: Jazzybee Verlag, 2012), Book V, chapter XVIII, 1.
27. Traducción al español encontrada en Alberto Ramírez, La Homilía de Melitón de Sardes sobre la Pascua https://core.ac.uk/download/pdf/297174253.pdf.
28. De una carta de San Braulio, obispo de Zaragoza, Epístola 19, PL 80, 665-666, según figura en el Oficio de Difuntos, https://christbearers.wordpress.com/2012/02/04/ the-risen-christ-is-the-hope-of-all-christians/.
29. Scott Hahn, 95.
30. Fleming Rutledge, *The Crucifixion,* 369.
31. Sin duda, toda persona humana ha sido creada a imagen y semejanza de Dios y, como tal, es amada por él. Al mismo tiempo, el bautismo realmente hace algo en una persona. De hecho, hace muchas cosas. Una de las cosas que hace es convertirnos en un templo del Espíritu Santo, y como Pablo nos recuerda en Romanos 8, 15 y Gálatas 4, 6, el Espíritu clama: "¡Abba! ¡Padre!" en nosotros. En otras palabras, alguien que ha sido bautizado realmente tiene una nueva relación con Dios.

32. C. S. Lewis, 46.
33. *Ibid.*
34. Timothy Keller, *Counterfeit Gods: The Empty Promises of Money, Sex, and Power, and the Only Hope that Matters* (New York, NY: Penguin Books, 2009), xxi,xix.
35. Erasmo Leiva-Merikakis, *Fire of Mercy Hearts of the Word: Meditations on the Gospel According to St. Matthew: Vol 1* (San Francisco, CA: Ignatius Press, 1996), 252.
36. Recuerde que la historia del éxodo es la prefiguración mas importante. Nos ayuda a comprender lo que Jesús ha hecho por nosotros. Así como los israelitas fueron oprimidos por el Faraón, la raza humana fue oprimida por Satanás. Así como Dios los rescató dramáticamente de la esclavitud a través de Moisés, también nos rescató a nosotros a través de Jesús. Las aguas del Mar Rojo son una imagen de las aguas del Bautismo, poniendo fin al pecado y un nuevo comienzo de la bondad.
37. Papa San Juan Pablo II, *Catechesi Tradendae*, 25.
38. James Shea, *From Christendom to Apostolic Mission: Pastoral Strategies for an Apostolic Age* (Bismarck, ND: University of Mary, 2020), 36-37.

Made in United States
Cleveland, OH
01 March 2025